Rotraud A. PERNER

TRAUM ODER TRAUMA

GEDANKEN ZU PARTNERSCHAFT UND FAMILIE

1100 Wien, Laxenburger Straße 13
Foto: Helmut Klein
Lektorat: Mag. Sigrid Schamall
Gestaltung und Produktion: Baumteam Biedermann
Druck: REMA-Print, Wien

ISBN 3-901 499-04-0

Rotraud A. PERNER

TRAUM ODER TRAUMA

GEDANKEN ZU PARTNERSCHAFT UND FAMILIE

aaptos

BEZIEHUNG KANN GELINGEN

TRAUM ODER TRAUMA?

Partnerschaft, Familie, Kindererziehung – drei Lebensbereiche, in denen Nähe erwartet wird. Nähe kann Geborgenheit vermitteln, Nähe kann aber auch Einengung bedeuten. Sie kann Raum geben, frei atmen zu dürfen – sie kann aber auch Luft wegnehmen. Sie kann zärtliches Anschmiegen ermöglichen und sie kann zu unvorhergesehenen Attacken und Verletzungen führen. Nahebeziehungen können Träume erfüllen, sie können aber auch zum Trauma gereichen.

Ambivalenz der Nähe

Angst vor dem Alleinsein und Angst vor Nähe beschreibt Fritz RIEMANN als zwei „Grundformen der Angst" in seinem gleichnamigen Buch. In der Extremform klammert dann der „depressive" Charakter an einem „schizoiden", der oder die allein sein will und sich entzieht, und je mehr diese Reaktion erfolgt, desto mehr saugt sich die depressive Person an und die andere Person aus. Dracula was here. Wenn ich aber auch in meiner mehr als dreißigjährigen beratenden und therapeutischen Berufserfahrung den Eindruck gewonnen hatte, daß sich diese Gegensätze unwiderstehlich anziehen und immer eine depressive Person in einer schizoiden die ErGÄNZung sucht, so scheint sich dies in der Single-Gesellschaft zu verändern.

Die Ursache dafür sehe ich nicht nur in Gegenbewegungen zu der allumfassenden Mutter- und Familienpropaganda des Dritten Reichs: Sexuelle Befreiung der Sechziger Jahre, Mitbestimmungs- und Emanzipationsbewegungen der Siebziger, verzweifelte Arbeitsplatzkonkurrenz in den Achtzigern, folgend Angst vor Gewalt in den Neunzigern –, sondern im Verlust der Sprach- und Dialogfähigkeit durch ausufernden Konsum „laufender Bilder" anstelle der Orientierung an lebendigen Vorbildern „aus der Nähe".

Konkurrenzgesellschaft

Wenn Mann und Frau nebeneinanderher auf das gleiche Ziel zueilen und jeder den anderen überrennen will, können sie – noch – nicht gleichzeitig liebevoll aufeinander zustreben. Richtungswechsel wäre angesagt, aber dazu fehlt oft die Muße und die Motivation. Partner oder Partnerin werden vielfach nur mehr als nutzbares Attribut für die narzißtische Selbstdarstellung ge- und mißbraucht; wer im Vergleich mit möglichen anderen „Accessoires" unterliegt, wird gegen ein attraktiveres Neumodell eingetauscht.

Interessanterweise scheint dieses Nebeneinander-Phänomen bei homosexuellen Männerpaaren kaum aufzutreten: ich deute dies als Folge von erstens größerer Gleichheit und damit geringerem Unverständnis für Ungleichheiten und zweitens dem Fehlen der typischen Mann-Frau-Unterordnungsklischees, das seit den 70er Jahren von immer mehr Frauen abgelehnt wird und dadurch zu gröberen Konflikten mit selbstunsicheren Männern führt, die immer noch auf Frauen als zumindest körperlich unterlegene Vergleichsmenschen herabsehen wollen.

Je näher man zueinander steht, desto mehr fallen Größenunterschiede auf. Und meist definiert sich die quantitativ überlegene Person als besser anstatt einfach als anders. Was dann meist folgt, ist einerseits Überheblichkeit – Hochmut – und andererseits Neid. Beides sind Todsünden. In meinem Buch „Management macht impotent" habe ich aufgezeigt, daß das, was als Tugenden der „Macher" – und zunehmend auch von „Macherinnen" – propagiert wird, den Sieben Todsünden des Christentums entspricht: immer mehr anzustreben fällt unter Völlerei, sich sogenannten Sachzwängen anzupassen unter Trägheit, aggressives Verhalten unter Zorn und Verbot jedweder „Überflüssigkeit" dem Geiz. Sich zu stylen, designen und Imagepflege zu betreiben summiert unter Stolz, seelen- und geistloser Körpersex unter Unkeuschheit und Rivalität unter Neid. Ich habe in diesem Buch alle sieben Charakterneurosen auch psychoanalytisch den psychosexuellen Reifungsphasen der Kindheit zugeordnet.

Beziehungskiller

Alle sieben Verlockungen treten auch in Beziehungen auf: wer kennt nicht die Couch-Potatoes, die sich mit all den Salz- und Zuckersurrogaten für Zuwendung den Mund stopfen, damit nur ja kein Gefühlsausdruck herauskann? Die träge herumlungern und keinen Handgriff tun wollen? Die wütend werden, wenn man wagt, sie zu kritisieren und die alles wegnehmen und nicht mehr hergeben wollen, die sich nicht an Gemeinschaftskosten beteiligen wollen und schon gar nicht Finanzverantwortung für ihr Tun übernehmen?

Wer kennt nicht die Protzer, die sich tagtäglich daran stabilisieren, daß sie mehr haben oder sind als andere? Und die Neider, die mit allen Tricks versuchen, die lästige Konkurrenz aus dem Feld zu jagen oder hinauszuintrigieren? Und zuletzt die Unkeuschen – die Gefühllosen, die Sexsüchtigen, die ihre innere Leere mit „Aufreissen" und „Anmachen" füllen wollen? Sie glauben, im flüchtigen Orgasmus tiefe Befriedigung finden zu können und mangels Seelenfriedens immer wieder neue Frauen oder Männer „ausprobieren" in der Fehlhoffnung, so auf die oder den „Richtigen" zu stoßen.

Gleichgewicht

So wie jeder Mensch seine innere Balance finden muß – und das ist eine immer neu zu bewältigende Lebensaufgabe! – müssen auch Paare und Familien ihr Gleichgewicht finden. Gleich Gewicht.

Ich unterscheide drei Sündenfälle: das Wort Sünde kommt ja von sondern wie in absondern, sondieren, besonders oder Sonderling.

Im ersten Sündenfall sondern sich Adam und Eva aus der Ein-heit in Gott und erkennen die zweigeteilte Welt mit gut und böse, hell und dunkel, Hitze und Kühle und natürlich auch sich selbst als Mann und Weib. Zur Zweiteilung gehört auch Zweitracht und Verzweiflung ...

Im zweiten Sündenfall tritt zu der horizontalen Sonderung des ersten Sündenfalls die vertikale: ein Mensch überhebt sich gegenüber dem anderen – Kain und Abel. Ein Problem der Männer. Einer hält nicht aus, daß der andere anders ist und wird aggressiv. Er will an dessen Leben nicht Anteil nehmen. Er will sich nicht mit-teilen. Er will allein sein.

Im dritten Sündenfall stellt er die Ein-heit wieder her – indem er den anderen beseitigt. Tötet. So erspart er sich zu teilen und – Gleichgewicht herzustellen.

In jeder Nahebeziehung geht es um die Bewältigung dieser archaischen Problematik: aufeinander zugehen, aber in Frieden, einander kennenzulernen und zu erkennen und vielleicht auch zu lieben – oder zumindest in der respektvollen Distanz zu verharren, die ein friedliches Miteinander möglich macht. Und nicht feindlich, voll Haß, aufeinander zuzurasen oder einander zu flüchten, zu vertreiben, auszugrenzen oder geistig, seelisch oder sogar körperlich zu ermorden. Und sich vielleicht noch im Recht zu fühlen.

Super Vision

In einem Labyrinth verirrt man sich leicht. Wenn man aber von oben draufsieht, entdeckt man, wo der Weg ins Freie führt.

Auch in Beziehungslabyrinthen droht die Gefahr ähnlicher Verwirrung; und meist drängen sich als Lösungsmuster das wilde Umherirren, das Jammern, das Wütendwerden und im Gegensatz dazu das Sichfallenlassen, das Verstummen und zuletzt das Erstarren auf. Ich empfehle meinen KlientInnen gerne, sie mögen sich doch vorstellen, sie säßen auf einer Wolke ihrer Wahl und blickten auf sich selbst und ihre Nächsten herab. Was sähen sie denn da – und welche Gefühle tauchten da bei ihnen auf?

Das aus dem Lateinischen entlehnte Wort Supervision kann mit Draufsicht übersetzt werden, mit Aufsicht, aber auch mit Überblick. Und es enthält auch den Begriff der Super Vision – der Überdrübervision.

Ein wenig von Supervision in diesem Doppelsinn soll das vorliegende Lesebuch zu Partnerschaft, Familienleben und Kindererziehung vermitteln.

BEZIEHUNG KANN GELINGEN

Wenn zwei Menschen eine Partnerschaft eingehen, haben sie meist bestimmte Erwartungen voneinander: sie haben irgendetwas am anderen besonders attraktiv gefunden und wollen sich diese Besonderheit stetig verfügbar halten, ja sogar einverleiben.

Meist ist genau das, was zu Beginn als so wunderbar erlebt wurde, später das, was man nicht mehr aushält. Denn was zuerst Ergänzung war, wird oft zum unerträglichem Gegensatz – Paarbildung nicht gelungen.

Gelungene Paarbildung bedeutet, daß man so zusammenwächst, daß man sich so sehr einerseits in den anderen einfühlt, andererseits in sich selbst wurzelt, daß man ohne Selbstverlust mit dem anderen eins werden kann. Dann erwirbt man nämlich auch die bewunderten Eigenschaften – integriert sozusagen den anderen in sich und muß ihn nicht festhalten, sondern kann ihn loslassen und – lieben.

Alles, was lebt, spielt sich zwischen Gegensatzpolen ab, hat einen geistigen, seelischen oder materiellen Stoffwechsel. Eine gelungene Paarbeziehung zeichnet sich durch energetischen Stoffwechsel aus. Das heißt aber auch, daß man immer wieder nach Phasen der Nähe Phasen des Alleinseins benötigt, um sich wieder zu sammeln und zu wachsen. Das persönliche Wachstum fließt dann als Impulsgeber wieder ins gemeinsame Wachsen und Schaffen ein.

Diese Distanzwellen fördern aber auch den Respekt – denn was zu nahe ist, sieht man nicht gut, man spürt es nur. Angenehm oder unangenehm. Was zu viel wird, wird unangenehm und üblicherweise ausgeschieden. Was nicht gemeinsam aus freien Stücken oder abgeschieden wird, führt unfreiwillig zur Scheidung.

ILLUSION VOM GROSSEN GLÜCK

Ehe ist etwas, das beworben wird. Jeden Mai kommen die Hochzeitshefte mit Hochzeitsmode, Hochzeitsessen und Hochzeitsbenimmregeln heraus. Die Illusion vom großen Glück zu zweit wird in Hochglanz vor Augen geführt.

Die Illusion vom großen Glück zu zweit für Mann und Frau gibt es erst, seitdem Happinessfilme Vorbild sind. Sie lösten die Durchhaltefilme der NS-Propaganda ab. Deutschösterreichische Heimatfilme und US-Romanzen versprachen den PionierInnen des Wiederaufbaus die traute Zweisamkeit, die sie als Säuglinge dieser Generation an der – ausgezehrten – Mutterbrust entbehren mußten.

Ehe ist aber vorerst einmal als bürgerlicher Vertrag auf gegenseitigen Beistand, Geschlechtsgemeinschaft und "Aufzucht" von Kindern konzipiert. Und: die Rangordnung dieser drei Kriterien hat sich seit 1812 (als das ABGB in Kraft trat) wesentlich geändert! Kinder werden heute – aus welchen Motiven auch immer – geplant oder "passieren", sie sind nicht mehr Garant der Altersversorgung oder -pflege. Geschlechtsleben soll aus der Erotik der Beziehung erwachsen und nicht mehr aus Verpflichtung, die notfalls sogar mit Gewalt erzwungen werden kann – das ergibt sich aus dem Strafrechtstatbestand der Vergewaltigung in der Ehe. Bleibt die Beistandspflicht. Aber wie sieht es mit dieser in Realität aus?

Die Menschen sind unabhängiger, damit aber auch anspruchsvoller geworden. Frauen sind nicht mehr bereit, sich ausbeuten, nötigen, erpressen oder quälen zu lassen. Aber auch Männer entfliehen dem "Terrorismus des Leidens" (Sándor FERENCZI) und fühlen sich für "Anhängsel" Frau (leider auch Kind) nicht verantwortlich. Genau darum geht es aber: um Verantwortlichkeit.

Im vorigen Jahrhundert noch brauchten Mann und Frau einander: er hätte seinen Bedarf des täglichen Lebens nicht decken können, wenn nicht die handwerklich perfekte Ehefrau produziert und organisiert hätte. Und sie hätte mangels außerhäuslicher Arbeitsplätze nur "in Dienst gehen" bzw. späterhin in der Fabrik arbeiten können. Gouvernantenstellen waren rar und erforderten Bildung, die nur Adelige hatten. Die Aussteuer mußte händisch genäht werden, gab es doch noch keine industriell gefertigte Billigware. Die Möblierung der Ehewohnung wurde ererbt oder von mehreren Familienangehörigen erspart. Heute kauft das junge Paar auf Pump oder bastelt mit IKEA. Kochen tut Käpt´n Iglo oder Dr. Oetker, und Socken müssen auch nicht mehr handgestrickt werden. Alles ist käuflich ...

Damit verlagert sich – vom Individuum aus betrachtet – das Interesse an einer Partnerschaft, die Werte schafft, zu gemeinschaftlicher Kaufkraft. Shopping macht happy. Daß dieser vermeintlichen Kraft auch doppelte – und im Falle von Kinderreichtum mehrfache – Konsumkosten gegenüberstehen, wird oft erst bedacht, wenn eine/r für alle zahlen muß. Dann steigen Schulden – denn auch Kredite werden beworben. Aus der Sichtweise der Fertigungsindustrie ist es interessanter, wenn möglichst viele Singlehaushalte möglichst perfekt ausgestattet sind. Aus dem Blickwinkel der Banken ist es interessanter, wenn regelmäßige Ratenzahlungen eintrudeln.

Aus der Vielfalt konkurrierender TV-Programme folgt: jeder will "einen Fernseher für sich". Damit fällt "Feierabend" nicht nur als Zeit des Gesprächs, der Beziehung aus, sondern auch als Zeit, die zumindest gemeinsam verbracht wird. Treffpunkt wird der Eisschrank in der Küche, oder im Gegenteil: die Toilettentür.

Natürlich leben

Zeigten in den 70er Jahren die Wohnreportagen in Frauenzeitschriften (z. B. BRIGITTE) noch überwiegend Familienwohnungen, ist seit Mitte, Ende der 80er Jahre die elegant-teure oder billig-pfiffige, auf jeden Fall arbeitssparende Kleinwohnung der "Karrierefrau" zum Objekt der Berichterstattung geworden. Arbeitssparend ist die technisch-perfekte Fassadenküche für "Ein-Minuten-Köche". Arbeitssparend sind auch die "Blitzgerichte". Anfang der 80er Jahre, als die Rezession Arbeit knapp werden ließ, wurde deutlich wieder "Heim an den Herd" propagiert – mit arbeitsaufwendigen Rezepten. "Natürlich leben" als Nostalgie: Brot selber backen, Nudeln selber kneten und trocknen, aber auch Möbel selber renovieren, Teppiche selber knoten, Stoffe drucken ... Zielgruppe: die hochbegabten, kreativen Frauen. Manche schufen sich so auch einen selbständigen Arbeitsplatz. Manche konnten so auch die Familie erhalten, als gegen Ende der Achzigerjahre zunehmend Männer aus der Arbeitswelt ausschieden – oftmals als ausgebrannte Ruinen. Andere durchschauten das geheime Ziel und verweigerten.

Frau allein stellt ihren Mann. Mann wird unnötig – und oft zum lästigen Zusatzkind, das die ehemalige Vorrangstellung einfordert wie vor der Familienrechtsreform 1978. Was folgt, ist Widerstand, von Frau wie Kindern, die sich wiederum isolieren oder die Gemeinschaft von Gleichen suchen. Signal im Essensbereich: jeder snackt allein vor sich hin. Signal im Freizeitbereich: jeder shaked mit sich selber – in der Disco.

Tanzengehen – auf den Probeböden für Annäherung, Körperkontakt und Abtestung, ob die Immunsysteme zusammenpassen (sonst kann man sich nämlich nicht riechen und nicht schmecken) – bringt auch wieder Vereinzelung: jeder zappelt vor sich hin, stumm, denn der Disco-Sound ist zu laut für ein Gespräch, und die Lichtreflexe sind zu grellblitzend für einen Blickwechsel. Nähe macht Angst. Daher wird sie vermieden. Und dementsprchend reduziert sich auch das Geschlechtsleben auf Blitzkontakte. BeFRIEDigung bleibt aus. Selbst zum Kindermachen braucht man theoretisch keinen realen Partner mehr. "In vitro und selbstgemacht?" oder "Geleast? Wo lassen brüten?" wird es wohl bald heißen, oder: "Was? Noch nach der alten Methode?"

Auslaufen?

Woher also sollten Paare wissen oder motiviert sein, an ihrer Beziehung zu arbeiten, sich abzustimmen – sozial wie insbesondere dort, wo es um Potenz geht: finanziell und sexuell? Wenn der Wert eines Menschen nur über seine Macht, seine Durchsetzungskraft definiert wird, wundert es nicht, wenn allerorts Machtkämpfe und Gewaltakte folgen. Ziel: Siegen. Folge: eine/r bleibt dann über, unterlegen, oder flüchtet rechtzeitig. Durch Scheidung. Oder wird krank – stellt sich tot.

Wenn Ehe so oft als Auslaufmodell bezeichnet wird, lohnt wohl das Nachdenken über den Begriff "Auslauf": nicht nur im Sinne der Industrieproduktion. Ob eine Ehe "ausläuft", bestimmen die Partner. Wollen sie das? Oder will eine/r den "Auslauf" und der/die andere soll alles zusammenhalten? Oder sollten wir bei diesem Wort nicht daran denken, sich zu öffnen, auszulaufen, um der anderen Person zuzuströmen?

AUFMACHEN

Liebes.

Ich habe Dich kennengelernt. Erst war es nur ein Hauch, ein Duft, der mich angezogen hat. Ich kam näher. Vorsichtig. Neugierig. Alles war so fremd, so anders. Irgendwie faszinierend. Und doch auch beängstigend. Wie schmerzlich bewußt war mir doch, daß ich kein Modell hatte, wie ich mit Dir umgehen könnte – sollte. Pionierarbeit. Die braucht Mut.

Mut. Wagemut. Den spüre ich. Fast zu viel. Hinrennen möchte ich. Dich in meine Arme schließen. Festhalten. Nicht loslassen. Zeit haben. Mich satt sehen an Dir. Satt fühlen. Riechen. Schmecken. Mutlosigkeit. Wenn Du aber nicht willst?

Demut. Sieh, was ich alles bereit bin zu tun ... Unmut. Wie komme ich dazu, mich vor Dir zu demütigen? Rückzug. Neubeginn: ich sollte doch mutiger sein. Du ermutigst mich. Die nächste Welle. Hoch. Tief. Himmelhoch jauchzend. Zu Tode betrübt. Nähe. Distanz. Ganz nah. „Verweile doch, du bist so schön ..." Entgleiten. Trennung. Ich will nicht. Ich muß. Aushalten. Offenhalten? Oder Zumachen?

Liebe ist Verhalten und Zustand

„Lieben" ist eine Form, mit dem „Anderen" umzugehen. Das „Andere", das Fremde, kann faszinierend erlebt werden – oder abstoßend. Ich kann mich zuwenden oder davonlaufen. Ich kann es annehmen oder kaputtmachen. Fördern oder behindern. Lieben oder hassen. Liebe ist aber nicht nur ein Verhalten, es ist auch ein Zustand. Wir sprechen dann von Herzenswärme, von Herzoffenheit. Und sind in diesem Zustand besonders verletzlich.

Manche Menschen schützen sich vor möglicher Verletzung, indem sie chronisch „zu" sind. Überhaupt nicht mehr aufmachen – oder nur, wenn sicher keiner vor der Pforte ist. Wenn man aber an der Klinke rüttelt, das Schloß malträtiert oder ans Türblatt hämmert, werden diese Menschen nur um so sicherer Barrikaden aufrichten. Verständlich: je wilder die Pumperei, desto bedrohlicher. Was also tun, wenn der draußen nicht gewalttätig sein will?

Die einen leiden, weil sie nicht Einlaß finden ins Herz der geliebten (oder vermeintlich geliebten) Person. Die anderen, weil sie hinausgedrängt wurden. Und wieder andere, weil sie ihr Herz geöffnet haben und der oder die Ersehnte kommt nicht ...

Liebe ist neue Wege wagen

Aufbrechen – das kann bedeuten, daß sich etwas öffnet, wie eine Knospe, und etwas hervorkommt – etwas Neues, etwas Altes, etwas Angenehmes, etwas Unangenehmes – aber auch, daß etwas aufgebrochen wird, verletzt, vielleicht sogar vernichtet, vielleicht aber auch befreit, so wie im Märchen vom „Armen Heinrich“ („Der Froschkönig“): „Heinrich, der Wagen bricht! – Nein, Herr, der Wagen nicht, es ist ein Band von meinem Herzen, das da lag in großen Schmerzen ...“

Aufbrechen bedeutet aber auch, sich auf den Weg zu machen, neue Wege zu suchen.

Neue Wege zu finden, wie wir mit Herzweh umgehen können, halte ich für sinnvoll und notwendig. Sigmund FREUD formulierte noch als Ziel psychoanalytischer Bemühungen, Menschen liebes- und arbeitsfähig zu machen.

Heute, wo uns Sexaholics und Workaholics als Leitbilder vorgegaukelt werden, ist es vielfach die Leidens- und Mußefähigkeit, die uns fehlt. Bewußt trauern ist ein Weg. Er kann still gegangen werden, leise, laut. Einsam oder mit Begleitung. Kollektiv.

Bewußte Transformation ist ein anderer: stirb und werde! Wandlung. Wachstum. Ob uns andere „Weg“-Empfehlungen wie Trost durch Ablenkung oder Ersatz (die Wahl eines „Übergangsobjekts“ oder Surrogats) zu mehr Reife oder Autonomie verhelfen oder eher in kindlicher Abhängigkeit halten, sollte ebenso hinterfragt werden wie unsere wohlbewährten Strategien, uns vor dem Bewußtsein emotionaler Bindungen zu schützen – oder masochistische Verstrickungen zu inszenieren, um nur ja nicht echten, wahrhaftigen Gefühlsausdruck wagen (und verantworten) zu müssen.

AUFBRECHEN

„Schmerz – Stachel des Lebens“. Dazu assoziiere ich: keine Rosen ohne Dornen, keine Liebe ohne Herzweh.

Wieso Herzweh? mag jetzt der oder die Eine fragen? Es gibt ja nicht nur unglückliche Liebesgeschichten mit Liebeskummer und Trennungsschmerz! Es gibt doch viel mehr erfüllte Liebesbeziehungen ... oder nur gleichgültig gewordene ...

Ich bleibe bei meiner Behauptung, keine Liebe ohne Herzweh. Denn wenn „uns das Herz weit wird“, spüren wir den Dehnungsschmerz. Diese Dehnung kann langsam erlebt werden (wie beim Stretching), dann empfinden wir diese Weitung kaum unangenehm, oft wird sie uns gar nicht bewußt, sondern irgendwann stellen wir auf einmal überrascht fest: „Ich liebe ja!“

Oder sie kann fast überfallsartig erlebt werden, wie ein Blitz aus heiterem Himmel – die Franzosen sprechen nicht umsonst vom „coup de foudre“ – und dann verspüren wir eine Art seelischen Muskelkater (ich vergleiche diese Empfindung gerne mit den Erfahrungen, wenn man im Balletttraining Spagat übt!) oder, weniger trivial formuliert: wir erleben Wachstumsschmerzen – wir überschreiten die Grenzen unserer Alltagsempfindungen.

Kalte Herzen heißer Schmerz

Liebe ist ein Grenzerleben – besonders, wenn wir zu den weniger „offenherzigen“ Menschen gehören. In diesem Zusammenhang möchte ich anmerken, daß der gegenwärtige Zeitgeist noch immer „coolness“ propagiert, das „kalte Herz“ (durchaus im Sinne des Märchens von Wilhelm HAUFF: wir tauschen nur zu oft Seele gegen Erfolg, Fühlen gegen Funktionieren!).

Erst neulich habe ich wieder erlebt, wie sehr Sätze wie „Gefühle sind unprofessionell!“, in diesem konkreten Fall gesprochen von einem

Generaldirektor zu seinem Marketing-Chef, geeignet sind, kreative Lebendigkeit abzutöten: dem anderen das Herz zu verschließen.

Bei unglücklicher Liebe – wenn eine(r) nicht so will (oder kann), wie der oder die Andere das möchte (oder braucht) – tut das Herz erst recht weh. Wir sprechen dann von Liebeskummer, Liebesleid und meinen damit dieses „leibseelische“ Fühlen von Weite und Leere im Herzen: „Mein Herz ist offen für Dich – und Du kommst nicht (bist nicht da)!“ Die Liebe ist nicht „erfüllt“.

Je weniger Hoffnung auf Erfüllung, desto größer der Schmerz – die Schmerzen. Schmerzen überall.

„Du willst nichts mehr von meinem Leid,
nichts mehr von meiner Liebe wissen.
Ich weine nicht mehr in dein Kleid.
Du hast mein Bild in dir zerrissen.

nun ist mein Kopf so leer und dumpf,
als wäre der Welt ihr Glanz genommen,
als wäre mir dein toter Rumpf
im wilden Traum vorbeigeschwommen.“

dichtete Erich MÜHSAM.

Umgang mit Herzweh: Vom seelischen Muskelkater

Mit Herzweh „umgehen“ – es sozusagen mitnehmen. Annehmen. „Umgang hat viele Bedeutungen“, möchte ich jetzt aus meinem Buch „Scham macht krank“ zitieren: „Wir kennen Umgang im Sinne von Prozession: dabei wird eine Information (im Sinne der Kommunikationswissenschaft, vgl. FÖLDY/SEMRAU 1984) verbreitet.“ Im Sinne unseres Themas möchte ich dazu an die Menschen erinnern, die „ihr Herz auf der Zunge tragen“ und „jedermann ihr Herz ausschütten“ – und das hoffentlich besonders in Kummerphasen, damit es ihnen nicht „das Herz zerreißt“!

Und weiter: „Ein Gespenst geht um in Europa“ – hier finden wir den Umgang in der Bedeutung von Heimsuchung.

Der Krampus geht um oder die Trud, in den Rauhnächten die bösen Geister und in Transsylvanien die Untoten – dieser Umgang löst Angst aus und Abwehr. Auch hier finden wir eine Parallele im Kontext mit Liebeskummer: da will dann der/die eine vom anderen nichts mehr hören und sehen, geschweige denn wissen. Die Beziehung, die Liebe, ist gestorben. Tot.

Aber für die andere Person lebt ein Revenant, ein „Wiedergänger“ wie Dracula und saugt Herzblut. (Bekanntlich muß man Vampiren einen Pfahl ins Herz schlagen, damit sie Ruhe geben!)

Weiter schreibe ich zum Umgang: „Ähnliches wird angedeutet, wenn etwa Eltern über den „schlechten Umgang“ ihrer Kinder klagen. Da folgen Kinder Freunden, zu denen sie nach Wunsch der Eltern keinen Kontakt haben sollten. Wiederum drängen sich Ähnlichkeiten auf: ersetzen wir „Eltern“ durch „Über-Ich“ – die verinnerlichte Elterninstanz – und wir finden Variationen von „schiefen“ Beziehungen bis zur Hörigkeit, besser bekannt unter dem Slogan „Wenn Frauen zu sehr lieben“!

Ja, und dann formuliere ich: „Umgehen dürfen bedeutet auch Bewegungsfreiheit – freier Umgang beinhaltet in diesem Sinn die Wahlfreiheit, wann, wie und wo sich jemand aufhalten und Lebensäußerungen von sich geben darf.“ Wieder wichtig: Lebensäußerungen von sich geben dürfen, kein „Zu-Machen“! Umgehen bedeutet aber auch ausweichen: ein Hindernis umgehen – oder eine Konfrontation. Diesen Umgang kennen wir wohl alle, leider! Und schließlich bedeutet Umgang auch die Art und Weise, wie wir einander behandeln: ob wir einander respektieren, fördern oder verachten, behindern.

Insoferne denke ich bei „Umgang mit Herzweh“ nicht nur daran, wie wir als Un- oder wenig Beteiligte mit dem Herzweh Dritter umgehen, sondern auch, wie wir als Beteiligte mit dem Herzweh des/der Anderen umgehen – und mit unserem eigenen.

Bei Peter TURRINI heißt es in einem Gedicht:

„Ist diese Gleichgültigkeit
die ich spüre,
wenn andere leiden,
die Angst,
zu ihnen zu gehören?"

und Traude ZEHENTNER formuliert, um einiges gröber:

„Du tust mir weh,
ich tu dir weh,
tu dir doch gleich selber weh!"

Diese Gleichgültigkeit, diese Grobheit möchte ich gerne aufbrechen lassen (oder auch aufbrechen). Sie sollte unnötig werden! Schmerzliche Gefühle vermeiden durch die „Distanz der Unbetroffenen" (Cornelia KAZIS) – eine Art des „Sich tot Stellens" – erweist sich als ebenso wohlbewährte Strategie zur Unlustvermeidung wie aggressives Abwehren – eine Abart des Angreifens. In beiden Fällen „verhärten" wir unser Herz, machen es unempfindlich.

Nähe, Distanz und Flucht

Sie merken, ich habe zwei Verhaltensweisen beschrieben, die wir bei Tieren beobachten können, wenn sie in Konfliktsituationen geraten; Nähe und Distanz. Es fehlt noch die dritte, nämlich Flucht. Beim Menschen erleben wir diese Strategie als Kommunikationsverweigerung oder Kommunikationsabbruch, vom Schweigen bis zum Türenknallen (und Gang ins Wirtshaus). Demonstrierter Liebesentzug als Strafe oder versuchte Herstellung einer schützenden Instanz, wenn einem/r die/der Andere „zu nahe getreten" ist – das Revier verletzt hat.

Nähe und Distanz: darum geht es bei Liebeskummer, Verlustängsten, Trennungsschmerzen. Ist die geliebte Person gestorben, „darf" getrauert werden. Ganz Mutige wagen es vielleicht, in Krankenstand zu gehen.

Fürs Begräbnis gibt es dann, wie großzügig, einen Tag frei. Vom Trauerjahr spricht kaum jemand mehr.

Umso größer ist dann die Überraschung, wie lange es dauert, bis die „Krise“ bewältigt ist. Denn um eine Krise handelt es sich, wenn eine Anpassungsleistung an eine neue Situation erforderlich wird.

Erinnern wir uns an die „klassischen“ Krisensituationen: Geburt eines Kindes, Geschlechtsreife (Pubertät), Hochzeit (Zusammenziehen), Todesfall (Verlust einer Bezugsperson). Wenn wir noch die Namensgebung (Taufe) dazuzählen, sind wir mit Situationen konfrontiert, die in allen Kulturen durch „Übergangsriten“ besonders hervorgehoben wurden. Die Bedeutung als besonderes Lebensereignis war anerkannt und wurde durch das Begehen in Gemeinschaft noch betont.

Industrialisierung und Urbanisierung haben unser Leben verändert. Wir sprechen von den vielfachen Entfremdungen, von Konsumzwängen und Reizüberflutungen. Wir haben unbewußt geduldet, daß unsere Lebensrhythmen an Maschinen angepaßt sein sollen (nicht nur in der Fabrik oder am Computer, sondern auch an Verkehrsmittel und Medienelektronik), alles wird immer schneller. Gerade deswegen rotieren auch die Beziehungen, Arbeitsbeziehungen wie Liebesbeziehungen.

Liebesverlust als Krise

Wenn hier eine Änderung psychisch verarbeitet werden muß, wird kaum von Krise gesprochen. Das finde ich nicht richtig: es sind Krisen, Arbeitsplatzverlust ebenso wie Liebesverlust. Und je mehr Prestige, Werterleben von Berufsstatus und Einkommen (Konsumkraft), von Sozialstatus (und dazu zählen viele Menschen auch Partner und Partnerin als passendes „Accessoire“ für den gesellschaftlichen Auftritt) und Attraktivität – denken Sie an „dating“ als Maßstab von Beliebtheit! – abhängig gemacht wird, desto mehr verletzt solch ein Statusverlust. Wir können durchaus von einem „schockierenden Erlebnis“ sprechen, und wir können in der psychotherapeutischen Arbeit dieselben Phasen im Bewältigungsprozeß beobachten wie nach einem

Todesfall: Protest (nicht wahrhaben Wollen), Verzweiflung (aufbrechende Emotionen, vor allem Zorn und Schuldgefühle), Selbstausdruck (Rücknahme von Projektionen, eventuell Introjektion, Durchführung der emotionalen Trennung) und Neubeginn (neuer Selbst- und Weltbezug).

Nur gibt es für Arbeitsplatzverlust und Liebeskummer keine Übergangsriten, außer vielleicht das „Stempeln", und das hat eher schädigende als fördernde Wirkungen. Bei Liebeskummer gibt es überhaupt nichts ... außer den Zwang, so zu tun, als hätte man keinen. Die Machtlosigkeit wird abgewehrt. Es herrscht Applauszwang.

Es ist heute nicht „in", aus Liebe melancholisch zu sein. Wir wehren unsere Versagenserfahrungen ab – es wird mir etwas versagt/ich versage – verleugnen und verdrängen sie. Nur: das Verdrängte kommt immer wieder, oder, mit den Worten von Jorgos CANACAKIS: „Trauer findet immer einen Ausdruck, auch wenn wir diese daran hindern". Zum Beispiel als Symptom, als Wiederholungszwang: „Bevor du mich verläßt, verlaß' ich dich!" Als Verschiebung, wenn sich etwa ein unaufdringlich aufdringlicher Kümmerer um alle, die Liebeskummer ahnen lassen, kümmert. Als Projektion: „Du wirst doch nicht etwa Liebeskummer haben?" Als isolierte Größenphantasie: „Mir kann doch so was nichts anhaben" ... Oder als Rationalisierung bzw. was sonst noch als Reaktionsbildung entwickelt wird.

Kollektiver Liebeskummer

Oft scheint es mir, als würde eine ganze Generation chronisch trauern, in einer Art des „kollektiven Liebeskummers". Ich denke an die Generation, die die letzten Kriegstage noch mitgemacht hat und deren Eltern durch Ambivalenz gekennzeichnet sind, zum Teil mit den Erziehungszielen und Geschlechtsrollenstereotypen des Dritten Reichs indoktriniert wurden, mit US-Propaganda, mit Heimatschnulzen und Hippiekult, mit „sexueller Befreiung" und New Age und schließlich in der Suche nach Stabilisierung den Psychoboom ausgelöst haben. Und deren Kinder ebenso bedürftig sind, weil Modelle fehlen, wie man mit sich und mit anderen „herzlich" umgehen kann.

Besonders Männer sind mit dem Gefühlstabu belastet. Das NS-Rollenbild „heldischer Mann" hatte keine Gefühle zu haben („zäh wie Leder, hart wie Kruppstahl"), außer für Vaterland und Führer und ansonsten, wenn unvermeidbar außerhalb des Rahmens von Pflichterfüllung, nur Aggressionen: gerechter Zorn, Verachtung ... Es folgen Westernhelden, Halbstarke, Agenten, Sexhelden und Killer.

„Verkörpert" in einem Muskel- und Charakterpanzer, sehr zur finanziellen Freude der Body-Builder. Ansonsten gehört der Männerkörper dem Sportverein bzw. Vater Staat (dem Stamm, der Urhorde) und lernt dort erstens leiden, ohne zu klagen und zweitens leiden und zu klagen, nämlich anderen die Schuld zuzuteilen, eine Wurzel des Fremdenhasses, und der trifft auch das „andere Geschlecht", die Frauen. Was man(n) nicht darf, weil es dem traditionellen Rollenbild nicht entspricht, wird auf die Frau projiziert: das Leiden, das Fühlen, das Intuieren (der sprichwörtliche „Sechste Sinn"). Dafür beansprucht der antiquierte Mann das Denken für sich allein.

Erinnern wir uns jetzt an C. G. JUNGs Konzept von den vier Bewußtseinsfunktionen, den Gegensatzpaaren Denken/Fühlen und Intuieren/Empfinden. Wenn alle vier Funktionen ins Bewußtsein gehoben werden könnten – was in der Praxis nur annähernd und niemals ganz erreicht werden kann –, könnten wir von einem „runden", vollkommenen Menschen sprechen (Jolande JACOBI). Je weniger ausbalanciert jemand „wahrnimmt", desto mehr entfernt er sich vom Ideal der Gesundheit, welche laut WHO (Weltgesundheitsorganisation) definiert ist als Zustand vollkommenen körperlichen (Empfinden!), psychischen (Fühlen!) und sozialen (Fühlen!) Wohlergehens und nicht nur als Fehlen von Krankheiten und Behinderungen. Dazu kommt noch die Erweiterung auf das spirituelle Wohlergehen (Intuition!).

Obermann und Unterfrau

Und das Denken? Nun, das dominiert allein schon durch den Gebrauch der Sprache. Sprache bedeutet Symbolbildung für Bewußtseinsinhalte. Vom amerikanischen Linguisten Edwin SAPIR stammt die

Feststellung, das Wort sei nicht nur ein Schlüssel, sondern auch ein Gefängnis. Worte können befreien. „Sprich nur ein Wort und meine Seele wird gesund!“ Worte können einengen, Angst erzeugen, verletzen, Seelen morden. Kaum einer leistet Erste Hilfe!

Herzweh aus Liebe: das deutet darauf hin, daß es sich um eine „schiefe“ Beziehung handeln muß. Obermann und Unterfrau. Oberfrau und Untermann. Wie im Zirkus. „Ein Zirkus mit dem Partner“. Ausführlich nachzulesen in meinem Buch „Die starken Zweiten – Träger des Erfolges“. Darin beschreiben Reginald FÖLDY und ich das „Trägersyndrom“: eine/r trägt den Anderen auf seinen Schultern. Aber nicht jede derartige Pyramide belastet – oft sitzt oben nur ein „Applausfloh“.

Herzweh macht eine asymmetrische Beziehung dann, wenn eine/r Macht ausübt: dominiert, Raum und Zeit festlegt, Distanz und Nähe, Kommunikationsformen.

Macht (auch wenn sie als Fürsorglichkeit getarnt ist!) ist der „Schatten“ der Liebe – oder mit den Worten C. G. JUNGs: „Wo Liebe herrscht, existiert der Wille nach Macht nicht; und wo Macht vorrangig ist, fehlt die Liebe.“

„Männer sind in Gesprächen eher auf Statusrangeleien konzentriert: versucht der Andere, mich zu übertrumpfen oder mich herabzusetzen?“ schreibt Deborah TANNEN in „Du kannst mich einfach nicht verstehen“, „Frauen sind häufig stärker auf das Aushandeln von Bindungen eingestimmt: versucht der Andere, mir näherzukommen, oder will er sich distanzieren?“

Gefahr des Kleinmachens

Sehr schön kann man das wieder in einem Gedicht von Peter TURRINI entdecken:

„Ich habe das Gefühl
daß du mich in allem bestimmst.

Jede Unternehmung
jede Zärtlichkeit
geht von dir aus.

Ich habe das Gefühl
meine Liebe
ist die Ausführung
deiner Wünsche."

Wenn wir lieben, laufen wir Gefahr, in die Verhaltensmuster unserer frühen Kindheit zurückzufallen. Uns klein zu machen. Unterzuordnen. Dem/der Anderen Macht über uns zu geben. So inszenieren wir Überlegene und Unterlegene. Hierarchien. Kommunizieren von Kindheits-Ich (anpaßlerisch) zu Eltern-Ich (streng bis abweisend) nach oben oder besserenfalls von Eltern-Ich (liebevoll) zu Kindheits-Ich (zutraulich) nach unten.

Mit einer Interaktion von Erwachsenen-Ich zu Erwachsenen-Ich hat das wenig zu tun. Herzweh (Wut: aus dem Herzen eine Mördergrube machen! Oder Leiden: es zerreißt das Herz) ist ‚miteinprogrammiert'. Nun, die Gefahr läßt sich bannen. Wir brauchen uns nur unsere Kindheitsmuster bewußt machen ...

Harte Arbeit hingegen wartet auf uns, wenn wir aus dem Dilemma latenter Verlustängste herausfinden wollen. Fritz RIEMANN beschreibt als „Grundformen der Angst" vier Grundtypen: „Schizoid" heißt, jemand dreht sich um seine eigene Achse, neigt also zum Eigenbrötlertum, kann gut allein sein und daher macht Nähe Angst, weil ungewohnt bis bedrohlich: „Störe meine Kreise nicht!"

Gegensatzpaare

Im Gegensatz dazu die Grundform „Depressivität": jemand dreht sich um die Achse eines anderen, kann nicht gut allein sein, sucht Nähe und klammert ... und wenn nun diese beiden Grundtypen zusammenkommen (und sie kommen! Fast unvermeidlich ziehen sie einander an – denn jeweils der eine kann, was dem anderen mangelt), flüchtet der/die Schizoide und der/die Depressive leidet alle Verlassenheitsängste seiner Biographie erneut durch ... und will festhalten ..., worauf der/die Schizoide noch mehr loskommen will ... ein Teufelskreis.

Das andere Gegensatzpaar wird gebildet vom „Zwanghaften", der Struktur und Ordnung braucht und Angst bekommt, wenn ihm Kontrolle entgleitet, der einem Zentrum zustrebt, und vom „hysterischen" Typ, der auf jeden Kontrollversuch mit Auflösung und Chaos reagiert, dem jegliche Einschränkung Angst macht, der vom Zentrum flüchtet (zentrifugale Tendenz).

Meiner Beobachtung nach droht beim schizoiden Typ Explosionsgefahr, wenn ihm mal das Herz weit wird, schon ist ihm der/die Andere zu nah! Sehnsucht ist diesem Typ eher fern. Was er lernen müßte, ist, Emotionen auszuhalten, sich zu verlangsamen, sich langsam zuzuwenden ...

Von depressiv veranlagten Menschen können wir oft das „Loch im Herzen" berufen hören. „Du fehlst mir so!" lautet ihre Botschaft und wenn diese unbeantwortet bleibt, neigen sie zu selbstschädigendem Verhalten. Sie müssen lernen, Zorn und Wut zuzulassen und in sozial angemessener Form auszudrücken (nicht gegen sich selbst zu kehren!).

Der Zwanghafte hält sich zurück. Seine Spezialität ist „das Herz aus Stein" – und das wird ihm auch immer wieder vorgeworfen: „Du bist herzlos!" Nach Virginia SATIR entspricht dieser Menschentyp dem „Computer": regungslos. Er muß lernen, loszulassen: seine eingelernten/andressierten Verhaltensspielregeln – und sich selbst. Lernziel Hingabe!

Der Grundtyp des Hysterischen (nach SATIR der „Ablenker"/ „Irritator") greift an, macht Szenen, hat Anfälle, Herzanfälle – nicht die todernsten, wo der Notarzt kommen muß, aber doch ernsthafte Herzbeschwerden. Das Lernziel hier ist das „Sich auf sich selbst konzentrieren", „In sich Hineinhören": Was will ich wirklich? Und dann selbst-sicher, standhaft, „fest" bleiben. Tragen. Ertragen.

Damit wir kein Mißverständnis aufbauen: die RIEMANN'schen Grundformen sind Kategorien, zu denen wir tendieren, die es aber auch in extremer, pathologischer Form gibt; deshalb die Namen, aber die sollen uns nicht schrecken, ebensowenig wie die SATIR-Kategorien: der „Ankläger"/„The Blamer" und der „Beschwichtiger"/„The Placator" lauten die beiden, die etwa dem Schizoiden und dem Depressiven zugeordnet werden könnten. Ich sehe es durchaus als hilfreich an, diese Denkansätze zur Entschlüsselung von Beziehungsschwierigkeiten zu nutzen: was will ich, was brauche ich? Mehr Distanz? Mehr Nähe? Mehr Information und Kontrolle? Weniger Kontrolle, mehr Freiheit? Was will/braucht der/die Andere von mir?

Und dann dementsprechend lernen, die eigene Befindlichkeit, die eigenen Bedürfnisse in einer Sprache ohne Herrschaftsallüren und Schuldzuweisungen mitzuteilen. Das ist wohl das Schwierigste: darauf zu verzichten, sich dem Anderen gegenüber durchzusetzen. Verborgene Machtstrukturen aufzubrechen.

Fangen wir damit an. Brechen wir auf!

WENN DIE SCHNECKEN TRAUER TRAGEN

Spätestens seit den Erkenntnissen der Quantenphysik wissen wir: alles, was existiert, ist verdichtete Energie im Raum-Zeit-Gitter. Feste, flüssige, gasförmige Stoffe – der Dichtegrad macht den Unterschied.

Alles, was existiert, besitzt eine Energieausstrahlung. Alles, was lebt, besitzt Frequenzen, Höhen und Tiefen in Zeitabfolgen. Wir Menschen natürlich auch: so kennen wir – körperlich – vom EKG unsere Herzstrom – und vom EEG unsere Hirnstrommuster, zumindest die, die zu einem bestimmten Zeitpunkt aufgezeichnet wurden. Und mit dem Galvanometer kann der elektrische Hautwiderstand gemessen werden – und damit eine andere Erscheinungsform unserer Bioelektrizität. Und wer Erfahrung mit Biofeedback-Techniken oder Autogenem Training hat, weiß auch, daß und wie er oder sie manche dieser vegetativen Reaktionen beeinflussen kann – durch Veränderung der eigenen Frequenzen. Und wir kennen – seelisch – Hochgefühle und Niedergeschlagenheit. Und wir wissen, daß diese Frequenzen zur Manie hochsteigen und zur Depression absinken können.

Der Liebe Wellen

"Nur keine Wellen!" oder "Die beiden sind auf einer Wellenlänge!" heißt es im Volksmund, wenn es um Wahrnehmung derartiger Frequenzen geht. Das eine Mal wollen wir verhindern, daß sich sanfte Energiewellen in heftige Wogen verändern, das andere Mal bestätigen wir, daß zwei Menschen zu einer gemeinsamen Frequenz gefunden haben.

Wenn wir uns ineinander verlieben, geht diese Abstimmung ganz von selbst – und meist ohne daß wir selbst es merken – von sich. (Aufmerksame Andere merken es hingegen sehr schnell und amüsieren sich – oder bekommen Angst vor allfälligen Folgen, Eltern zum Beispiel, oder aber Neid, Wut bzw. das dringende Bedürfnis, traute Zweisamkeit zu verhindern oder zumindest zu stören!)

So haben auch psychologische Untersuchungen ergeben, daß Verliebte innerhalb kürzester Zeit in derselben Körperhaltung sitzen – einander "spiegeln": ein äußeres Zeichen dafür, wie sehr sie innerlich aufeinander eingestimmt sind. Anders herum betrachtet verhilft auch die rein äußerliche Abstimmung des Körperausdrucks zu mehr psychischer Harmonie; deswegen mußten ja auch die Brautleute vielfach in traditionellen Proben und Spielen rund um die Hochzeit, sehr zum Gaudium der Festgäste, gemeinsam einen Holzstamm durchsägen. In Partnerseminaren zur Harmonisierung der Beziehung ist die Übung sehr beliebt, Mann und Frau gemeinsam mit einem Bleistift schreiben zu lassen: wer dann wessen Hand umklammert, wer dann wen führen will, wer sich für Nachgeben entscheidet – oder ob beide mitsammen einen Rhythmus finden, das sind oft wichtige Erkenntnisse, was an der Art des Zusammenlebens zu verbessern wäre.

So gesehen ist auch der Verlust der Tanzkultur, nicht nur als Möglichkeit zum Kennenlernen und Näherkommen, sondern auch zum Austesten, ob man "miteinander kann", zu bedauern. Heute tanzt ja jeder für sich, Annäherung, Berührung, Kontakt findet kaum mehr statt. Höchstens beim Lambada. Die Machtkämpfe um die (rhythmische) Führung spielen sich auch auf dem Tanzboden ab – vielleicht liegt darin eine der Ursachen, weshalb Männer lieber unter sich und an der Bar bleiben, um ihre Hitzen zu löschen. Erregung – ob aggressive oder sexuelle – löst Hitzewellen aus; die Glut steigt zu Kopfe oder anderswohin – und sollte auch wieder abebben können; wir sollten wohl fähig sein, uns dann, wenn es angemessen ist, Suggestionen von Coolness zu geben.

Wellen sind rhythmisches Geschehen. Einatmen – ausatmen. Schnell oder langsam. Luft anhalten. Eine Pause machen. Herzschläge: Flattern, Klopfen, Dröhnen, Stillstand. Augenblicke: Zwinkern, Starren, Verdauung, Stoffwechsel. Alles hat seinen Rhythmus, solange Leben innewohnt.

Mit jeder Rhythmusänderung verändern wir aber auch unsere Befindlichkeit und unser Bewußtsein. Durch verlangsamtes Atmen wird Ent-Spannung möglich und damit beispielsweise eine "Sanfte Geburt". Durch forciertes, schnelles Atmen hingegen kann zum Beispiel die

Entladung sexueller Energie im Orgasmus gefördert werden. Es gibt viele Formen, durch Beobachtung und Beeinflussung des Atems zu gewünschtem Verhalten und Erleben zu gelangen.

Tempo

"Tempo" heißt ein Zeitgeistmagazin und entspricht damit nicht nur einer vorübergehenden Modeströmung, denn Schnelligkeit gilt heute als Tugend. Schnell sollen Kontakte geschlossen werden (wer zögert, gilt als kontaktarm), schnell soll ein Mann eine Frau ins Bett kriegen (Titelstory: "Der Quickie hat wieder Saison"), schnell sollen Kaufentscheidungen getroffen werden ("Greifen Sie zu, solange der Vorrat reicht!") und schnell sollen alle Störungen (Hemmungen, Krankheiten) beseitigt werden. Schnell sollen die lieben Kleinen und weniger lieben Größeren in der Schule ihre Antworten heraussprudeln, automatisch, Nachdenken könnte ja zu Kritik führen. Schnell sollen die Handgriffe am Arbeitsplatz erledigt werden, damit schnelle Gewinne erzielt werden können. Die Konkurrenz soll ja überflügelt werden – das erfordert wiederum Schnelligkeit.

Wer im Wege steht, wird überrannt. Hoppla, jetzt komm' ich! Wer nicht schnell genug ausweicht, wird weggerempelt. Die Schnellen fressen die Langsamen, zitieren manche Manager, die sich in Zynismen sicher wähnen. Es sind dieselben, die sich wundern, wieso Kunstwerken oder Erfinden so lange dauert. Dieselben, die noch immer phantasieren, daß Druckmachen Kreativität hervorbringen könne – und nicht nur Angst. Angst aber lähmt.

Die Angst der Langsamen vor den Hudriwudris

Wer langsam ist, egal aus welcher Ursache, wird diskriminiert: altmodisch, von gestern, nicht zeitgemäß.

Im Neurolinguistischen Programmieren, kurz NLP, einer sehr effizienten Technik zur Verbesserung zwischenmenschlicher Kommunikation, die auch in Pädagogik und Psychotherapie hilfreich eingesetzt werden kann, wird sehr genau auf die unterschiedliche Wahrnehmung und das unterschiedliche Verhalten von Menschen geachtet: wir erkennen dann Menschen, die eher visuell, also aufs Sehen, solche, die eher auditiv, also aufs Hören und wiederum andere, die kinästhetisch, also auf Körperwahrnehmung ausgerichtet sind. An vielen Details finden wir ihre Unterschiedlichkeit bestätigt: an den Augenbewegungen, an der Wortwahl, am Sprechtempo, am Atemrhythmus. Am Life-Style: Hektik oder Muße.

Seh- und Körpermenschen

Visuelle Menschen machen sich von allem "ein Bild" – beispielsweise vom Wohnzimmer – und wenn dann die Realität mit diesem Bild nicht übereinstimmt – weil vielleicht irgendwo die Siebensachen des Ehegespons' herumliegen – ist ihr "Auge beleidigt". Sie beginnen dann meistens zu nörgeln. Nur: ein sensibler Hör-Mensch wird ob der Stimmlage versuchen, sein "Ohr zu verschließen" und ein eingefleischter Kinästhetiker wird "Was? Wo?" fragen und nichts sehen, denn er merkt erst auf, wenn er anstößt oder draufsteigt, nicht, wenn er Anstoß erregt. Der ist ihm unverständlich.

Sehmenschen sind sehr schnell – denn sie nehmen "mit einem Blick" wahr, haben sofort "Über-Blick", sitzen daher auch gerne aufrecht – und auch, weil sie ein "gutes Bild" abgeben wollen. Nehmen wir ein Beispiel von der "Basis": daß ihr Schuhwerk zu ihrem Outfit paßt, ist den Visuellen meist wichtiger als Wohlgefühl – Schönheit muß leiden! – und dafür wird auch eine halbe Nummer Schuhgröße zu klein akzeptiert. Ein Körpermensch würde sowas nie "an-nehmen", weil seine Schuhe bequem sein müssen, möglichst ausgelatscht. Daher dauert bei ihm alles auch lange – er muß doch jedesmal nachspüren, wie sich was anfühlt. Und weil sich Gegensätze bekanntlich anziehen, paaren sich dann vielfach ein Augenmensch – überspitzt formuliert: distanzierter Voyeur – mit einem Fühlmenschen – pointiert: sentimentalen Psychosomatiker – und streitet dann im Sinne von: warum bist Du nicht wie ich? anstatt daß die beiden sich ergänzen, voneinander lernen und so irgendwann ihre innere Ganzheit finden.

Denn eben diese Unterschiedlichkeiten sind es, die zu Mißverständnissen, Zank und Hader, kurz: Fehlkommunikation, führen.

Und genau diese ist nur zu oft Ursache schwerer Gesundheitsschädigung.

Die Weltgesundheitsorganisation WHO versteht Gesundheit nicht als Fehlen von Krankheit und Behinderung, sondern als vollkommenes "körperliches, psychisches und soziales Wohlergehen". Üblicherweise werden die letztgenannten sozialen Bedingungen als gesunde Umwelt interpretiert: Licht, Luft, Bewegungsraum im Gegensatz zu dunklen, engen Souterrainwohnungen, wie sie viele Menschen um die Jahrhundertwende bewohnen mußten und wie es sie leider noch immer gibt, sollen Allgemeingut sein. "Gesunde Städte", "Gesunde Dörfer" nehmen daher im WHO-Programm "Gesundheit für alle bis zum Jahr 2000" und im Konzept "Gesundheitsförderung" Zielpositionen ein.

Wie sieht aber unser "soziales Wohlergehen" in "Gesunden Beziehungen" aus? Wenn etwa ein (visueller) Chef im Staccato seine Anweisungen bellt, während sein (kinästhetischer) Mitarbeiter den Inhalt gar nicht "hört", sondern nur "fühlt", daß er gedemütigt wird? Oder wenn ein (kinästhetisches) Kind gerade lustvoll und daher langsam seinen Pudding "schmeckt" und nicht "sieht", daß seine (visuelle) Mutter bereits ungeduldig die Stirn runzelt, weil sie schon den Tisch abräumen will, und daher verstört aufschreckt, wenn es plötzlich harsch zurechtgewiesen wird.

Dann werfen meist die Schnellen den Langsamen vor, daß sie ihnen Zeit stehlen – und die Langsamen verstehen nicht, wieso. Sie verstehen nur, daß ihnen zu Unrecht ein Vorwurf gemacht wird.

Ungleichgewichte in Beziehungen machen immer eine/n zur/m Unterlegenen. Üblicherweise denken wir an Größenverhältnisse oder in Eltern- Kind- Analogien, an Über-Legenheit, auch an Über-Heblichkeit. Eine/r ist obenauf, die andere Person wird je nachdem unterdrückt, runtergemacht – oder sie unterwirft sich.

Wir können genausogut in Zeitdimensionen denken: eine/r ist schneller, der/die andere langsamer. Meist definieren und isolieren wir die Langsameren als Randgruppen: Kinder und Alte etwa, Kranke, Behinderte.

Es gibt aber auch Erwachsene im Vollbesitz ihrer körperlichen und geistigen Kräfte, mit ausgezeichneter Intelligenz, welche Rasanz vermissen lassen – oder verweigern. Welche bedächtig – das Wort kommt auch von "Denken" – "Leben". Nicht nur "aktiv ihre Zeit verbringen".

Von C. G. JUNG stammt der Hinweis auf die Polarität der vier Grundfunktionen des Bewußtseins: Denken und Fühlen stehen leider nur zu oft zueinander im Gegensatz, ebenso wie Intuieren und (körperlich) Empfinden.

Hand, Herz und Hirn

Wer ganz dem logischen Denken verhaftet ist, vergißt oft auf die humane Dimension des Gefühls – und wer sich völlig in der Emotion verliert, schaltet nur zu oft das Hirn aus – und damit auch die Fähigkeit, sich zu distanzieren; daß das mit Sehen und Zusehen einhergeht, zeigen altvertraute Redewendungen wie die von "blindwütigem Zorn" oder "blinder Verliebtheit". Je schneller eine Reaktion abläuft, desto größer ist die Gefahr von Gewalttätigkeit.

Wer hingegen große Schmerzen erleidet, und noch kein "Archiv" von gleichartigen Empfindungen besitzt, kann sich oft überhaupt nicht vorstellen, daß diese auch ein Ende finden könnten – die Fähigkeit zu ahnen, Zukünftiges ohne Rückgriff auf erprobte Kausalität zu wissen, Visionen haben zu können, hat dann keinen Raum. Demgegenüber kennen wir von Yogis, Märtyrern und Märtyrerinnen, von Menschen in Ekstase, oder auch nur in Trance, daß sie schmerzunempfindlich werden.

Viel zu oft wird die eine Extremposition zugunsten der anderen als "minderwertig", "kindlich-naiv" oder gar "weibisch" verworfen.

So muß nur zu oft das sensible Fühlen dem digitalen Denken weichen. Das beginnt schon in der Schule, wo Kinder anhand des Einmaleins zu hurtigem Antwortabspulen dressiert werden. Später folgt dann im Rahmen der "körperlichen Ertüchtigung" weiteres Ruckzucktraining: Hinlegen, Auf, Hinlegen, Auf ... Nur nicht nachdenken, ob das, was von einem gefordert wird, auch Sinn macht – oder gar ethisch verantwortbar wäre.

Fühlen braucht Zeit. Das geht nicht schnell. Genau das läßt sich in der Diagnostik des NLP so exakt beobachten: gerade noch erzählt jemand ein "G'schichterl" aus seiner Biographie – wird dann die Frage gestellt: "Und wie haben Sie sich dabei gefühlt?", hält die Person inne, atmet tief durch, der Blick kehrt sich nach innen und unten, die Schultern sinken herab, die Reise ins "Weite Land" der Seele beginnt. Es wird nach-gefühlt, eine andere, tiefere Form des Nach- Denkens. Der "funktionstüchtige" Mensch hingegen läßt sich nicht durch Gefühle aufhalten. Befehl ist Befehl. Das war schon immer so – wo kämen wir denn da hin, wenn da jeder was ändern würde – da kann man nichts machen. Die drei Glaubenssätze des Apparatschiks.

Soll wirklich nur als erfolgreich gelten, wer sich schnell Überblick verschaffen kann, wer schnell auffaßt, wer schnell reagiert?

Ellbogengesellschaft

Gibt es nicht auch "tiefere" Werte als "schnelles Geld" und "Blitzaufstieg"? Halten wir doch inne und fragen jedesmal, wenn wir losstürmen wollen: wer hat denn diesmal Interesse daran, daß wir aus Gruppendruck und Futterneid dem "Lockruf der Wildnis" – nämlich der Wildnis einer Ellbogengesellschaft – folgen? Dem anderen den Ellenbogen oder das Knie hineinzurammen geht übrigens auch nicht langsam! Sonst könnte nämlich die Bewegung sanft aufgefangen werden – es würde wohl ein Spiel daraus, kein Kampf.

"Time is money" lautet die Devise, und wer schneller ist, spart (Arbeits-)Kosten und erzielt einen Wettbewerbsvorteil. "Wer zuerst kommt, mahlt zuerst" und – "Wer zu spät kommt, den bestraft die Geschichte" (Gorbatschow). Sind derartige sozialdarwinistische Suggestivsätze einer Gesellschaft, die sich gerne als solidarisch und human feiern läßt, würdig?

Zwischenmenschliche Beziehungen – ob am Arbeitsplatz oder privat – können oberflächlich sein oder tiefgehend. Oberflächlich können Unmengen von "Kontakten" hergestellt werden – und das in kürzester Zeit. Verstehen, einander als Person wahrnehmen, braucht wesentlich länger: zumindest die Zeit des Nachfragens, ob man die Botschaft seines Vis-à-vis auch richtig decodiert hat.

Wenn wir einander daher besser verstehen wollen, wenn wir auf die Schnelligkeit (Yang) – die nur zu schnell in Respektlosigkeit und Gewalt ausartet – und damit eine Art Vor-Teil zulasten einer/s langsameren Anderen (Yin) verzichten wollen, müssen wir zum Mittelmaß zurückkehren: zur Goldenen Mitte, zum Tao, zur All-Ein-heit.

WIE DIE MACHT SCHMECKT

„Kiss it!“ soll US-Präsident Clinton Paula Jones aufgefordert haben, als er seine Hose öffnete. Eine Kostprobe der Macht? Für ihn? Oder auch für sie? Das Klischee von der sozial niederstehenden Frau, die sich zwecks Teilhabe an seiner Macht dem höherstehenden Mann anbietet, geistert immer noch durch die Köpfe ...

Von oben herab sich bedienen zu lassen, gehört traditionell zu den Privilegien der Herrschenden. Zum Herrentum. Herr und Knecht – eine Klassendifferenz.

Machtspiele

Sich Obrigkeiten anzudienen hingegen gehörte traditionell zu den Überlebensstrategien Ohnmächtiger. Ein guter Sklave war, wer seinem Herren die Wünsche von den Lippen las – und wenn nicht, dann war erst der tote Sklave ein guter Sklave. In sadistisch-tyrannischen Familien- und Erziehungssystemen lebt diese „Spielregel“ heute noch: Angst vor Strafe, Hoffnung auf Belohnung als Disziplinierungsmittel, damit Frauen und Kinder sich alles gefallen lassen, was der jeweils Übermächtige will – ein Training dafür, sich auch späterhin allem unterzuordnen, was „die da oben“ anschaffen.

Die amerikanische Sozialforscherin Nancy M. HENLEY weist in ihrem Buch „Körperstrategien“ anhand des Berührungsverhaltens von weißen und farbigen US-Bürgern sowie analog Männern und Frauen nach, wie jeweils Statushöhere sich die Freiheit – oder Frechheit – herausnehmen, Statusniedrigere „anzugreifen“. Mit derartigen „Revierverletzungen“ demonstrieren sie einerseits Dominanz – die anderen protestieren nicht – in weiterer Folge bestätigen sie damit sich selbst und allfälligem Publikum ihre Verfügungsmacht.

Die Lust, sich tagtäglich die eigene Macht über andere vor Augen zu führen, gehört zu den Stabilisierungsmethoden selbstunsicherer Menschen: sie beweisen sich damit, daß sie keine Angst vor größerer

Macht zu haben brauchen, und das beseitigt Unlustgefühle. Sexueller Lustgewinn ist dabei eher Nebensache – den so verharmlosend als Grapscher und fälschlich als Sexualattentäter bezeichneten Gewalttätern geht es vor allem um das Omnipotenzgefühl. Wo nämlich wirkliches Interesse an der anderen Person wirkt, folgt Behutsamkeit und Scheu – man will den anderen nicht verletzen, nicht verjagen, nicht verlieren.

Mir scheint allerdings bei Clinton weniger diese Art von Lustprinzip die „treibende Kraft“ zu sein als blanke Unreife: denn egal, ob er ein verkappter Sexmaniac ist – möglicherweise wird er sich noch auf Sexsucht ausreden – oder ein bedauernswertes Verleumdungsopfer – es zeugt von großer Naivität oder schamloser Skrupellosigkeit, nicht zu bedenken, daß das Sexualleben eines US-Präsidenten jedenfalls unter die Lupe genommen wird: entweder vom politischen Gegner, der nach Schwachpunkten schnüffelt, oder von hungrigen Sensationsreportern, die Auflagen oder Quoten steigern wollen.

Und ebenso zeugt es von Naivität oder Menschenverachtung, wenn Frauen als lenkbare Erfüllungsgehilfinnen instrumentalisiert werden. Immer mehr Frauen wollen nicht mehr dulden, nicht ernst genommen zu werden – weder in ihrer Rolle als Berufsfrau noch in der als Geschlechtswesen. Sie wollen gleichberechtigt respektiert werden und nicht idealisiert oder abgewertet. Dafür sind auch immer mehr Frauen bereit zu kämpfen. Damit muß man(n) heute rechnen. Und ein Präsident, der von Frauen gewählt werden will, erst recht.

Wenn man allerdings Clintons Physiognomie und Mimik analysiert – denn wir ver-körper-n auch unser Denken und Fühlen, und was wir immer wieder denken und immer wieder fühlen, gräbt sich „chronisch“ in unsere Gesichtszüge ein – drängen sich Vergleiche zum klassischen Ausdruck von Überheblichkeit, Haltlosigkeit und Genießertum auf, wie wir ihn von exzellenten Schauspielern kennen, wenn sie derartige Charaktere darstellen.

Ins Kostüm des ausgehenden 18. Jahrhunderts gesteckt, gäbe Clinton einen glaubwürdigen Lüstling ab ... und genau dieser, möglicherweise nur aufgesetzte Gesichtsausdruck könnte ihm zum Verhängnis werden: man glaubt seinen AnklägerInnen leicht Behauptungen, ihm mangle es an moralischem Profil.

Wer steht über dem Gesetz?

Genau dort liegt die Gefahr für alle „Reichen und Mächtigen“: weil sie selbst die Macht besitzen, Gesetze bestimmen können, vermeinen sie, über dem Gesetz oder sogar jenseits der Gesetze zu stehen. Man kann es sich eben richten. Wenn dann die so verachteten „gewöhnlichen“ Leute sich widersetzen, folgt meist Verständnislosigkeit, ehe die Dramatik der Situation realisiert wird. Wir kennen das bereits bei Marquis de Sade; der seinerzeitige Skandal bestand nämlich nicht darin, daß ein Adeliger eine „Gemeine“ zur „Sodomie“ (das damalige Wort für Analverkehr) engagieren wollte, sondern, daß diese Frau aus dem Volke sich wehrte und zu Gericht ging. Daß selbst ein Kardinal ebensowenig sakrosankt ist wie der Bundespräsident, wissen Österreicher nur zu genau. Mündige BürgerInnen machen heute eben dort den Mund auf, wo sie jahrhundertelang geschwiegen haben.

Manche machen allerdings den Mund erst dann auf, wenn ein fettes Honorar winkt – oder eine gerichtliche Entschädigung. Dann tauchen Fragen auf: was ist das Motiv? Geldgier? Rachsucht? Publicitygeilheit? Identitätsuche?

In den Fortbildungsseminaren für KriminalbeamtInnen, die ich zum Thema „Sexuelle Gewalt“ abhalte, ist ein immer wiederkehrender Diskussionspunkt die Angst der Männer vor sexueller Denunziation: eine rachsüchtige Frau könnte zu Unrecht behaupten, sie wäre sexuell belästigt, erpreßt, vergewaltigt worden. Hinter solchen Rachephantasien lauert immer die eigene Unsicherheit, sich vielleicht doch nicht korrekt verhalten zu haben – denn wer sich korrekt verhält, den plagt kein schlechtes Gewissen. Dabei geht es gar nicht so sehr darum, was Frauen als inkorrekt kritisieren mögen. Infolge des üblichen Gruppenzwangs, durch besonders machistisches Auftreten ihre Männlichkeit zu beweisen, handeln viele Männer „wider ihre Natur“ – sie spalten ihre zarten, sanften Seelenanteile ab und verstümmeln so ihre leibseelischgeistige Ganzheit. Sie handeln damit entgegen ihrer eigenen Ethik – also sich selbst gegenüber inkorrekt.

Wiederum verrät sich jemand selbst – um der Teilhabe an der Macht wegen. In diesem Fall ist es die Macht der Gruppe. Sich nicht durch Mächtige korrumpieren zu lassen – seien es nun Eltern, Erzieher, Gruppenführer oder Führungskräfte – ist eine Haltung, die früher auf den Scheiterhaufen oder in die Verbannung geführt haben. Heute führen sie oft in die Schlagzeilen und vor die Fernseh- , ja sogar Filmkameras. Rebellion gegen Vaterfiguren ist „in“: Kirchenrebellen kämpfen ebenso ungelebte Ablösungsprozesse aus wie Oppositionsführer, die etablierten Parteienvertretern „ans Hosenbein pinkeln“. Nur Medienstars darf man nicht kritisieren; und sei die Kritik noch so fundiert und berechtigt, wer diese falschen Götter als Götzen enttarnt, hat damit seinen medialen Tod heraufbeschworen.

Die wahre Macht liegt bei den Medien

Die wahren Mächtigen sind heute jene, die medial Meinung machen: wenn in den USA laufend Umfragen veröffentlicht werden, wieviele Menschen Clinton und wieviele Paula Jones glaubwürdiger finden, so wird dadurch nicht nur konkret juristisch gepunktet. Der Kampf der Geschlechter wird durch eine neue Variante bereichert. Möglicherweise werden schon Wetten abgeschlossen ... Sogar der Aktienmarkt wird bewegt. Konflikte werden so nicht geregelt. Und korrektes Verhalten lernt auch keiner.

Wenn die „Meinung“ publiziert wird, es gäbe Männer, die ihren Geschlechtstrieb nicht beherrschen können, wird damit diese Interpretation ebenso „verankert“, wie wenn „gemeint“ wird, jeder sozial höherstehende Mann sei automatisch begehrtes Jagdobjekt für Frauen. Männerphantasien. In Realität ist Triebkontrolle etwas, was Kinder zwischen dem dritten und vierten Lebensjahr erarbeiten – können, wenn sie dazu Vorbilder erleben und zur Übung angeleitet werden. Üblicherweise wird jedoch von Mädchen mehr Selbstbeherrschung gefordert als von

Knaben, deren „Unarten“ man oft als Bubenstreiche belächelt – auch wenn der „Bub“ so alt ist wie Andreas Goldberger. Wenn also nach wie vor Sex und Macht miteinander verknüpft werden wie in jüngster Vergangenheit, wo mächtige Männer sich Nebenfrauen „halten“ und Frauen nur als Ehefrauen oder Mätressen an Macht teilhaben konnten, wird eine „logische“ Abhängigkeit der Frau vom Mann suggeriert, die jeder Selbstverantwortlichkeit Hohn redet. Tatsächlich sind es aber Einschüchterungen und Schocks, die Frauen oft lähmen, sich selbst zu beschützen, wenn ihre Freundlichkeit, ihr berufliches Interesse als sexuelle Bereitschaft mißdeutet wird.

Fehlverhalten anzuklagen heißt, sich Selbstachtung und damit die Macht über sich selbst zurückzuholen. Manche brauchen die Medien als Unterstützung, weil sie sich allein zu schwach fühlen. Manche gebrauchen Denunziation, um Macht zu brechen – oder zu verhindern. Medien bieten dazu ein Instrument. Sie sind es aber auch selbst.

DEIN IST MEIN GANZES HERZ ...

Und eines Tages stand sie da. Von allen Hüllen befreit, kommunikationsbereit. Joe lächelte sie an. Zärtlich ließ er seine Finger über all die kleinen Erhebungen gleiten, die ihm Macht versprachen: die Macht, alles aus ihr herauszuholen, was er sich nur wünschen konnte.

Dann wagte er, sie in Bewegung zu setzen. Als er unerwartet schnell spüren konnte, wie sie unter Strom stand, und ihr leises Gurren hörte, konnte er nur mehr zugreifen ... Ja, sie war sein. Endlich! Jetzt konnte er sich am Aufblitzen ihrer Lichter ergötzen, jetzt konnte er wählen, was er mit ihr anfangen wollte – und sie gehorchte!

Vergessen die Umwelt, vergessen die Pflichten, nur mehr Lust, Lust war sein Ziel, sie ganz zu erforschen, mit ihr zu experimentieren, ja, sie war die Seine und was sie ihm widerspiegelte, war sein Werk ... Seine tiefsten Sehnsüchte wollte er ihr anvertrauen, ihr seine kühnsten Gedichte zur Aufbewahrung hingeben ...

Irgendwann stürzte sie ab. Er auch – psychisch. Er hatte vergessen, abzuspeichern.

Geliebter Computer

Obige Reminiszenz ist mein Versuch, die Erlebnisse eines meiner Klienten zu beschreiben, der mich aufsuchte, weil seine Lebensgefährtin seine Computersucht nicht mehr ertragen wollte.

Schon am ersten Abend hatte er seine gesamte Freizeit der neuen Geliebten geopfert. Irgendwann gegen vier Uhr früh war er ins Bett getaumelt, berichtete die betroffene Lebensgefährtin; am nächsten Morgen war er unleidlich. Dafür war er so zeitig wie nie wieder zu Hause. Ihre Hoffnung, es handle sich um eine Wiedergutmachungsaktion, bewahrheitete sich nicht. Wieder eilte er zu seiner Datenverarbeitungsmaschine. Und wieder war er nicht wegzulocken.

Attraktivität

Was macht die Faszination der Computer und elektronischer Kommunikation aus?

Vordergründig könnten wir meinen: wenn schon viel Zeit und Energie investiert werden muß, um sich einigermaßen auszukennen, wenn dann nach endlich erlangtem Überblick und selbstzugeschriebener Perfektion gehofft wird, nunmehr auf ewig Zeit zu ersparen, wenn noch dazu ständige Ängste, alleingelassen zu werden, drohen, dann erleben wir eben eine Situation, die den altmodischen Liebesbeziehungen ähnelt.

Und tatsächlich ist es "Triebenergie", "Libido", wie sie Sigmund FREUD (1930) genannt hat, die der User nunmehr auf seine elektronische Partnerin richtet anstatt auf eine reale aus Fleisch und Blut.

Geschwindigkeitsrausch

Bei der elektronischen Geliebten geht eben alles schneller, und so könnten wir weiters auch Freude an der Geschwindigkeit vermuten, die sich aus der Promptheit der Reaktionen ergibt. Und sicher ist es auch eine Art Geschwindigkeitsrausch, die manche User erfaßt, wenn sie alles abtesten, was im Programm drinnen ist oder im elektronischen Postkasten ... und: Neugier.

Denn die Freude an der Grenzenlosigkeit der Informationsaufnahme, auch des "Tratsch" – sprich Nachrichtenaustausch – im Global Village, entspricht noch einer anderen Form von Rausch: der ekstatischen Überschreitung nicht nur der gewohnten Grenzen von Zeit, sondern auch von Raum. Anklänge an die Abenteuerlust von Höhlen – oder Tiefseeforschern werden laut: jedes E-mail eine terra incognita ...

Wieder bieten sich Vergleiche mit der Frau, dem "unbekannten Wesen" an, und wiederum drängt sich der Gedanke an Sigmund FREUD auf: immerhin war er es, der die Frau als "dark continent" apostrophierte. Allerdings hält sich die Unberechenbarkeit des elektronischen

Outputs im Gegensatz zu dem leiblicher Wesen in Grenzen. Ich behaupte, gerade diese Unberechenbarkeit ist es, die den User veranlaßt, seine Libido der Maschinenpartnerin zu widmen, denn bei ihr kann er erreichen, was er in der Tiefe seines Herzens wünscht: Macht.

Sucht

Machtstreben ist es, was in der Beziehung zum Computer so ungezügelt ausgelebt werden kann, und es sind dann auch oft gerade die, die in ihren realen Beziehungsversuchen scheitern, die sich so tief in die Computerliebe verlieren.

"Die psychoanalytische Arbeit hat uns gelehrt, daß gerade diese Versagungen des Sexuallebens von den sogenannten Neurotikern nicht vertragen werden", schrieb FREUD (1930), und: "Sie schaffen sich in ihren Symptomen Ersatzbefriedigungen, die aber entweder an sich Leiden schaffen oder Leidensquelle werden, indem sie ihnen Schwierigkeiten mit Umwelt und Gesellschaft bereiten."

Solche Symptome finden sich auch in den unterschiedlichen Suchterkrankungen; dazu zählen nicht nur die verschiedenen Substanzabhängigkeiten, sondern auch alle Formen von "Sucht ohne Drogen" wie Spielsucht oder Arbeitssucht. Computersucht scheint in deren Mitte zu logieren.

Abwehr von Hilflosigkeit

Die Schattenseite von Machtstreben ist die Abwehr von Hilflosigkeit.

Hilflosigkeiten gibt es viele: da ist die des kleinen Buben gegenüber seiner Mutter. Tatsächlich finden sich viele "Muttersöhnchen" unter den Computersüchtigen, Männer, die keine Partnerin finden, sondern viel zu lange unter Mutters Fittichen verweilen, den Anschluß verpassen, die sich im "Hotel Mama" gemütlich einrichten, wo sie dann als besonders brav gelten – "Die ganze Nacht sitzt der fleißige Bub vor dem Computer!" –, weil sie Kontakt zu den "bösen Mädchen", die nur

Mutters Goldschatz "einfangen wollen", vermeiden. Finden sie allerdings doch eine Partnerin, neigen sie dazu, ältere Frauen zu wählen. Tiefenpsychologen sprechen dann von einem Mutterkomplex.

Da gibt es aber auch die Hilflosigkeit, die sich aus tatsächlichen oder vermuteten Minderwertigkeiten ableitet, starker Kurzsichtigkeit etwa oder einer anderen Behinderung, z. B. dem Bewußtsein, zu klein, zu dick, zu unsportlich zu sein. Sich im Wettkampf der "beautiful young people" trotz solcher Benachteiligungen zu beweisen, würde bedeuten, hinauszugehen, sich zu präsentieren, "aufzumachen". Via Internet kann hingegen alles Mögliche simuliert, "angegeben", verborgen werden. Man(n) bleibt anonym. Man(n) braucht kaum damit zu rechnen, daß man(n) "tangiert" – berührt – wird.

Stundenlanges Sitzen vor dem Computer fördert zwar "mehr desselben", bietet aber auch die Sicherheit des Vertrauten. Man(n) bleibt, wie man(n) ist. Zum Beispiel kommunikationsgehemmt. Denn auch das gehört zu den Eigenschaften der User: sie tun sich schwer mit dem Reden. Entweder gehören sie zu den großen Schweigern, die sich nur mühsam Worte abringen können, oder es sprudelt (inhaltlich oder formal) nur so aus ihnen heraus, daß die anderen Schwierigkeiten haben, dem Redefluß zu folgen und daher wieder unerwünschtes Feedback geben.

Die Anstrengung, sich jemand Unvertrautem in einer lebendigen Beziehung mit ihren Nähen und Distanzen, Höhen und Tiefen, vertraut zu machen und all die dadurch ausgelösten Stressreaktionen erspart sich der User.

Er erspart sich aber auch, seine Kräfte im Abgrenzen und Widerstandleisten zu verbrauchen. Denn es gibt noch die Hilflosigkeit des introvertierten Ehemannes gegenüber einer dynamisch-extravertierten Ehefrau.

Gerade solche Männer sind es oft, die sich hinter den Schreibtisch und vor den Bildschirm flüchten.

Verfügbarkeit

Die Qualität einer gelungenen Beziehung zeigt sich am Grad der Intimität – an geistig – seelischer Nähe –, der synchron hergestellt und auch in Krisensituationen oder -zeiten bewahrt werden kann (PERNER 1994).

Bedingt durch die noch immer überwiegend geschlechtsspezifische Sozialisation spüren und artikulieren Frauen eher Nähebedürfnisse; Männer fordern hingegen Verfügbarkeit ein. Seit zwanzig Jahren Bewußtseinsbildung durch die emanzipatorische Frauenbewegung ist es aber gerade diese Verfügbarkeit, die von kritischen Frauen verweigert wird – nicht nur in der Privatbeziehung, sondern zunehmend auch im beruflichen Bereich.

Macht haben heißt auch, über jemand verfügen zu können. Über den Computer kann man leichter verfügen als über Frau oder Familie, und das nagt oft am männlichen Selbstwertgefühl, besonders dann, wenn man(n) kein Schreckensregiment errichten will und eigentlich Anerkennung erwartet. Denn in vielen Köpfen geistert noch der in der Familienrechtsreform 1978 abgeschaffte § 91 ABGB herum: "Der Mann ist das Haupt der Familie ..." Heute tritt oft der Computer (oder der Fernsehapparat) an diese Stelle ...

Pygmalionsyndrom

Viele Menschen mit Autoritätsproblemen flüchten sich zur Herstellung der Nähe in eine Geistes- wie Sozialhaltung, die ich das Pygmalionsyndrom nenne: sie versuchen eine Person nach ihren Wünschen zu formen. Das Vorbild sind wohl autoritäre Eltern, die ihre Kinder klonen wollen. Das Kind als verlängertes Selbst, als "pars pro toto" für sich selbst, denn man selbst ist es, der oder die hier geliebt wird.

Solchen Pygmalionfrevel konnte man früher auf der berufsspezifischen Ebene nur bei Männern erleben; privat sowohl bei Elternpersonen wie Ehepartnern. Heute erlebe ich das Pygmalionsyndrom häufig bei

Sozialarbeiterinnen, Therapeutinnen, die sich in die fixe Idee verrennen, einen sozial behinderten (arbeitsbehinderten, substanzabhängigen, sexuell devianten, kriminellen, ...) Mann "retten" bzw. umformen zu müssen. Entschlüsselt suchen sie Selbstbestätigung für ihren eigenen Puritanismus, indem sie jemand "über-zeugen", der ganz anders ist als sie – der ihre Schattenanteile lebt.

Auch die Computersucht kann Auslöser für solche Retterattitüden sein. Ich erinnere mich an eine Klientin, bildende Künstlerin und "wildes Weib", die ihren Partner, einen eher verschlossenen Journalisten, wie Medea bei GRILLPARZER ihren Ehemann Lason mit ihrem "Lason, ich weiß ein Lied!" bedrängte. Der gute Mann verschanzte sich hinter seinem Computer, wechselte nach Mitternacht kurz zu RTL und "Tutti frutti", um nachher wieder ins elektronische Datenbett zu steigen. Für die Leidenschaften seiner Lebensgefährtin war er unerreichbar, sie verdoppelte ihre Anstrengungen, er seine auch – die Trennung war unvermeidbar. In seiner nächsten Partnerschaft wählte er denselben Frauentyp wieder. Allerdings war diese Partnerin von Berufs wegen Retterin. Da sich ihre Pygmalionbestrebungen auf Gestrauchelte der Gesellschaft richteten, war die Liebesbeziehung davon nicht belastet; er konnte ihr als Rettershelfer zur Seite treten und war den privaten Computaholismus bald los.

Absturz des Ikarus

Ist es nun aber nicht wirklich besser, die meist unbewußt ersehnten Allmachtsgefühle über den Joystick auszuleben als im "Kampf der Geschlechter"?

Ich denke: nein. Denn so werden Selbstwertprobleme nicht gelöst. Nicht die des Users und nicht die seiner Lebensgefährten.

Wir alle müssen lernen, Macht auszuüben ohne andere auszubeuten oder zu mißbrauchen; wir müssen aber auch lernen, Macht abzugeben – sonst droht der Absturz wie er in der griechischen Mythologie durch Ikarus symbolisiert ist, der im Höhenflug der Sonne zu nahe kommt; das

Wachs, mit dem die Federn seiner Flügel zusammengehalten werden, schmilzt, er stürzt ins Meer.

Hartmut fällt mir ein, ein Techniker. Sein lange Jahre stabil scheinender Arbeitsplatz wurde wegrationalisiert und er somit arbeitslos. Mitbestimmend dafür war möglicherweise auch seine mangelnde Kommunikationsbereitschaft. Er setzte aufs Befehle Austeilen. Nunmehr "zu Hause" versuchte er, durch quasi Selbständigkeit eine neue Existenz aufzubauen, aber die "Heimarbeit" erwies sich als Illusion. Von alledem, was er aus dem Beruf im Heimbüro nachinszenieren wollte, blieb nur mehr das Kommando – über die Frau.

Hartmut erliegt dem Mythos "Der Mann muß einen Beruf haben, die Frau muß im Haus sein". Die übergroße Nähe läßt ihn Distanz suchen, nur: die Distanz durch das Ausweichen in die schöne, neue Datenwelt genügt nicht. Er wählt die "schiefe Ebene" – er oben, sie unten. Aus dieser gekünstelten Elternposition keift er auf die beruflich erfolgreiche Partnerin hinunter.

Im eigenen Wohnbereich zu arbeiten erfordert nicht nur hohe Disziplin, sondern vor allem klare Raum- und Zeit- Strukturen. Von wann bis wann wird wo gearbeitet? – alles andere ist Privatbereich. Hartmut sieht alles als Berufsbereich an und sich selbst als Chef. Er und Hauhaltspflichten? Die Haushaltsarbeit der beruflich engagierten Partnerin ergänzen? Er doch nicht! Zu nahe kommt ihm das Rollenbild der nichtberufstätigen Nur-Hausfrau, daher muß er auch hier abwehren. Und wieder geht eine Partnerschaft in Brüche.

Beziehung und Bekanntschaft

Was heißt eigentlich Beziehung? Das Wort ist vieldeutig. Sprach man in den späten 50er, frühen 60er Jahren von "Bekanntschaft", wenn man andeuten wollte, daß ein Mann und eine Frau mehr als eine Schul- oder Sportsfreundschaft miteinander hatten, so heißt es heute: man hat eine "Beziehung". Aber nicht jede Beziehung ist eine Beziehung.

Nicht die Quantität der Zeit, die Mann und Frau miteinander verbringen, bestimmt die "Bezogenheit", sondern die Intensität, das Aufeinanderausgerichtetsein, macht die Qualität aus.

Beziehung aus sexualtherapeutischer Sicht bedeutet, daß die andere Person im Focus des Interesses und damit Zielpunkt der "gerichteten Aufmerksamkeit", der Energieabstrahlung, steht. Sie "bezieht" Energie, ist Empfänger, ob sie will oder nicht, die andere Person gibt ab, ist Sender. Im Idealfall senden und empfangen beide synchron.

Nach dem Erstkontakt und der Kontaktwiederholung beginnt die intensive Ausrichtung auf die andere Person und damit die Beziehung. Beziehung beinhaltet geistig-seelischen Austausch, zunehmende Vertrautheit und körperliche Annäherung. Die Partner "schwingen" sich aufeinander ein, ihre Zeitrhythmen stimmen sich ab. Sind sich beide ganz nahe – Seele an Seele, Körper an Körper – entsteht Intimität. Sie ist die Voraussetzung für eine gelungene – beide befriedigende – sexuelle Vereinigung (PERNER 1994).

In unserer schnellebigen Zeit werden aber vielfach die Phasen der Beziehung und der Intimität übersprungen: Kontakt – Vereinigung, lautet die Parole: immer mehr und immer schneller, daher auch immer oberflächlicher. Neugier entartet zur chronischen Gier (PERNER 1995). Echte Befriedigung bleibt aus.

Wird Beziehungsaufbau verlangsamt – lassen sich beide Zeit. Konzentrieren sie sich, öffnen sie einander ihre Tiefendimension, kommen naturgemäß "tiefe" Gefühle zum Vorschein – unter anderem wird man sich wiederum auch der eigenen Sehnsüchte, Abhängigkeitswünsche und der Bedürftigkeit, Hilflosigkeit bewußt. Genau das wird durch Schnelligkeit vermieden: Gefühle haben, unerwünschte Gefühle. Erwünschte allerdings auch.

Arbeitgeber freuen sich über gefühllose "Roboter". Sie hoffen und erwarten, daß diese keine Arbeitsausfälle aufgrund seelischer Konflikte aufweisen. Tatsächlich "funktioniert" diese Strategie nur einige Zeit; dann kommen die Zusammenbrüche. Zur menschlichen Ganzheit und damit zu "ganzer" Gesundheit gehört nicht nur die Hardware Körper und die Software Geist, sondern auch die unfaßbare Seele, der Resonanzraum, mit dem auf Frequenzen, Energiewellen reagiert wird. Werden Gefühle zu lange unterdrückt, abgespalten oder verdrängt, bahnen sie sich in der Verkörperung Ausdruck – oder entarten zu Affektdurchbrüchen: sie balancieren dann nicht mehr Körper und Geist, sondern der Geist, das Denken, wird weggeschaltet, der Körper dominiert, entweder aggressiv oder sexuell. Wir erleben dann "blinde" Gewalt oder "blinde" Leidenschaft.

Flucht ins Internet

In der (scheinbaren) Anonymität des Internet läßt sich beides ungehindert ausleben: Gewalt und Leidenschaft.

Liebe im Internet bedeutet, nach Lust und Laune sexuelle Wünsche ausformulieren zu können, ohne durch die gegenwärtige leibseelische Reaktion der angesprochenen Person gestoppt zu werden. Eben weil diese Grenzsetzung fehlt, besteht die Gefahr, daß laufend weitere Grenzen überschritten werden ...

Daniel hat jung – sehr jung – geheiratet. Die erste, die den schüchternen Studiosus in die Freuden ihres Leibes eingeführt hat. Den Freuden des Familienlebens entschwebt er ins Internet, wann immer ihm der Alltag unerträglich wird: mit seiner disziplinierten Ehefrau teilt er vorbildlich alle Pflichten — Geldverdienen, Haushaltsarbeit, Kinderbetreuung.

Für außerhäusliche Freuden bleibt weder Zeit noch Raum – beides beanspruchen zwei quicklebendige Kleinkinder. Und: eine/r muß immer für sie da sein. Zumindest körperlich, meint Daniel, und entflieht geistig – seelisch ins Internet, wo er auch bald seine "Diana" erhascht; mal mailt er ihr, mal mailt sie ihm, die Mailings werden immer erotischer, leidenschaftlicher, "hitziger", nun will er sie auch in die Arme schließen, vielleicht auch ein Stück Pubertät nachholen. Schließlich hat er noch kaum Erfahrung ... Unreif wirkt er auch auf "Diana", als sie am Point sind.

Sein Sturm und Drang stößt sie nach erster Überprüfung ab, anschließend stößt sie ihn ab: keine Lust mehr auf Treffen. Seitdem "mehlt" er weiter. Sucht verzweifelt im web nach Kontakten, nachfolgende Vereinigung nicht ausgeschlossen. Die Beziehung zu Frau und Kindern ist zwischenzeitlich gestorben. Die Scheidung läuft.

Ähnlich in umgekehrter Sicht geht es Jeanette: ihr werden die dauernden Mailings ihres Geliebten zu viel. Nach dem Rausch des „honey moon" möchte sie sich wieder auf ihre Arbeit konzentrieren, möchte Ruhe einkehren lassen, sich leibseelisch wieder auf ihren Lebensgefährten beziehen. Ihre Bitten, die elektronische Post einzustellen, werden aber von Georg mißachtet. Obwohl selbst verheiratet, will er den "Zugriff" auf ihre "box" nicht verlieren. Daß sie leidet, ist ihm nicht bewußt – er sieht und hört sie ja nicht. Will sie ja auch nicht wahr-nehmen. Er will seine "liebevollen", "fürsorglichen", "balzenden" oder wie auch immer gearteten Ergüsse anbringen. Die Frage, wie es der Empfängerin damit geht, ist jenseits seiner Zielgeraden.

Für Jeanette regnet es: der "Himmehl" ist grau verhangen, ein „mehl" nach dem anderen tröpfelt ein und verdüstert ihre Stimmung. Die Mailbox zu ignorieren geht aus beruflichen Gründen nicht. Seine Mails zu veröffentlichen – eine probate Strategie gegen Gewalt ist immer die Herstellung von Öffentlichkeit – will sie nicht; sie möchte dem prominenten Kollegen nicht schaden.

Daß sie auf eine subtile Weise vergewaltigt wird, will sie nicht erkennen, daher auch keine Grenzen demonstrieren. Aber so wie jedes Dorf seine Grenzen hat und innerhalb des Dorfes jeder Bewohner und Anrainer Grenzen aushandelt, muß es auch im Global Village Grenzsetzungen geben.

Dracula und versteinerte Prinzen

Wer seine Beziehungsfähigkeit allein am Computer oder im Mailen auslebt, läuft Gefahr, seine Seele auf Dauer in schrillen Obertönen oder Paukenschlägen dröhnen zu lassen, um überhaupt gehört zu werden, anstatt sich harmonisch mit jemand anderem in sanften oder erregenden Rhythmen zur Melodie zu vereinen. Dazu wären ja auch Orchesterproben notwendig ...

Natürlich gibt es auch die Kehrseite: die Möglichkeit, dem Internet Tagebuchqualität zuzusprechen und seine Gedichte ins Netz zu hauchen. Aber selbst wenn eine Geschwisterseele antwortet, wird es bei der Begegnung des Augenblicks bleiben. Denn unsere Ganzheit gleicht einem Kaleidoskop, das sich permanent dreht und ändert. Sich einander anzupassen ist gerade deswegen so schwer, erfordert soviel Kalibrierungsarbeit und gelingt eben deswegen so selten, wenn beide lebendig, beweglich und nicht tot, erstarrt sind.

Ein Blick in die Vergangenheit? Da sehen wir, wie Beziehungen zu Scheintoten, Untoten oder Scheinlebenden in zahlreichen Märchen, Legenden oder Werken der Dichtkunst Symbolisierung gefunden haben: Schneewittchen, Dracula oder die Versteinerten Prinzen und Prinzessinnen beweisen, wie sich die Bilder gleichen! Sie alle brauchen Anstoß, einen Pfahl ins Herz oder Tränen, um wirklich das zu werden, was sie eigentlich sind: tot oder lebendig.

Nathaniel in E.T.A. HOFFMANNs "Sandmann" braucht lediglich die Brille abzunehmen, um zu erkennen, daß Olympia eine Puppe ist, kein lebender Mensch.

Ein Blick in die Zukunft? Brachte schon der Supermarkt das traditionelle Gespräch beim Greißler zum Verschwinden und die metallenen Münzfangvorrichtungen elektronischer Kassen sogar noch die kurze Berührung beim Geldaustausch, so bringt Teleshopping das absolute Minimum an interpersoneller Kommunikation. Wollen wir alle mangels Modell, Übung und Bestätigung Berührungsphobien erwerben? Seelisch wie körperlich?

Oder wird immer weniger körperlicher und geistiger in Zukunft immer mehr professionelle Beziehungs-Arbeit gegenübertreten? Ich vermute: kostenlos, daher laienhaft – denn wer soll Psychotherapie und

Seelsorge bezahlen, wenn nicht der Staat, der das Verschwinden der Arbeit und damit der Existenzsicherung seiner BürgerInnen toleriert? Nur: der tat und tut es bislang noch immer nicht, obwohl es so augenscheinlich wie noch nie ist, daß sich die Zwei-Drittel-Gesellschaft nicht in „zwei Drittel arbeiten, Eines wird von ihnen erhalten", sondern in zwei Drittel ohne Arbeit und ein Drittel Arbeitsprivilegierte aufspalten wird!

Morlocks und Eloy

So wie H.G. WELLS in seinem Roman von der „Zeitmaschine" die düstere Zukunftsvision entwickelte, daß die "Morlocks" (affenartige Menschenfressermonster – wir könnten auch sagen: sozial, nämlich gesundheitlich, bildungsspezifisch und vor allem beziehungsmäßig, behinderte, weil verletzte und/oder vernachlässigte "Menschenwesen") eine Minderheit von "Eloy" (im Roman handelt es sich dabei um zartblonde Lichtmenschen – wir könnten phantasieren: überqualifizierte und daher auch – privilegierte Menschen) in Berghöhlen gefangen hält und nur zur Auswahl der nächsten Leckerbissen ans Tageslicht läßt. Und wie bei Jules VERNE trifft auch diese dichterische Prognostik ansatzweise schon zu: durch hohe Mauern gesicherte neue Ghettos der Reichen gibt es in den USA bereits!

Wenn wir uns als Großhirnbesitzer und -benutzer vom dressierten Affen als Stammhirnbenutzer unterscheiden wollen und die Berechtigung zu dieser Unterscheidung allen Menschen, Männern wie Frauen, Jungen wie Alten, Inländern wie Ausländern, Privilegierten wie Unterprivilegierten, zusprechen, müssen wir notgedrungen Bewußtheit entwickeln. Daraus ergibt sich die ethische Frage: was wollen wir eigentlich?

Wollen wir wirklich immer weniger Kontakt, immer weniger Beziehung, immer weniger Intimität, immer weniger Ganzheitlichkeit?

Wollen wir User werden und sein? Nicht umsonst wird dieses Wort auch zur Bezeichnung Drogenabhängiger verwendet: Drogen-Abhängiger. Wollen wir abhängig sein? Abhängig von Maschinen, die uns den "Kick" verschaffen, uns allmächtig und beziehungsunabhängig zu wähnen? Die uns aber auch im Aus-Fall die Entzugserscheinungen bereiten wie andere Drogen auch: Leere und das Beben der Ent-Giftung.

KULTUR DES TEILENS

"Gerät eine Biene in einen fremden Staat, wird sie auf der Stelle in Stücke gerissen. Woraus folgt, Bienen haben die gesündesten Seelen. Seelen sind nicht für andere da, u.a. bei weitem nicht für Nichtstuer im Süden."

Hermes PHETTBERG, Predigtdienst
Ausstopfung der Predigtlücken 5

Ich definiere Seele als Resonanzraum – ähnlich dem Klangkörper eines Musikinstruments. Wenn wir uns die Zeit nehmen, Gefühle zu beachten, hören wir unsere inneren Melodien, und je achtsamer wir sind, desto mehr können wir auch die unserer Mitmenschen erlauschen.

Und so wie es Hochbegabte gibt, die im realen Orchesterkonzert die einzelnen Instrumente orten und nicht nur deren ohrenscheinliche Dissonanzen, sondern sogar die winzigsten Fehlgriffe, und haben wir grundsätzlich alle die – mehr oder weniger ausgeprägte – Fähigkeit, auch den Seelenklang nach den einzelnen Anteilen wahrzunehmen. "Wer Ohren hat, der höre." In der Zurichtung zum arbeitsmarktkompatiblen Bioroboter wird uns dieses Können allerdings frühzeitig aberzogen. In tiefenpsychologischen Berufsausbildungen hingegen wird ebendieses "Hören mit dem dritten Ohr" hochgezüchtet.

Frühzeitig aberzogen wird aber auch der echte Gefühlsausdruck. "Gefühle haben ist unprofessionell" zitierte einmal in einem meiner Seminare ein Marketingfachmann seinen Firmenchef. Nur keinen verräterischen "Klang" von sich geben! Der andere soll nur ja nicht genau hinhören können. Daß damit die eigene Gesundheit geschädigt wird, zählt nicht. Daß man(n) dadurch erstarrt, von der Hartherzigkeit, Hartleibigkeit bis zum Starrsinn, gilt oft noch als Tugend.

Der "gepanzerte" Mensch hält Distanz: nur ja nichts Ungewolltes soll nahe kommen können. Nur hält er die Distanz nicht nur zu dem als unvertraut, daher fremd und sicherheitshalber gleich als bedrohlich erlebten Äußeren, sondern ebenso zu dem analogen Inneren. Je härter die trennende Schutzschicht, desto sicherer fühlt er sich in seiner Unsicherheit.

Und unsicher macht alles, was die Sicherheit der eigenen Existenz bedroht: Gastarbeiter wie Asylwerber erinnern daran, daß die Sicherheit des Wohnortes, des heimatlichen Arbeitsplatzes – des sekundären Wohnortes "Arbeitsnest" – sich zur Illusion verflüchtigen kann. Nur nicht daran denken, wie das wäre, wenn man selbst einmal emigrieren müßte! Und wie sehr Arbeitssuche stresst, weiß, wer je die Prozedur massenhaft erfolgloser Selbstpräsentation durchleiden mußte.

Weg des Hasses – Weg der Liebe

In unserer Gesellschaft wird uns auf Plakaten, in Inseraten und in Werbesendungen unaufhörlich vorgezeichnet, wie erfolgreiche, beliebte – "sichere" – Menschen auszusehen haben: jung, gesund, schön, schlank, wohlsituiert. Familial. Alter, Krankheit, Behinderung jedweder Art oder Arbeitslosigkeit wird als Mißerfolg definiert. Einsamkeit auch.

Und: Mißerfolg wird in den Schattenbereich verdammt. Wer wird schon gerne daran erinnert, daß er oder sie täglich dem hohen Alter mit seinen Abnützungsschäden, mit vielleicht sogar schwerwiegenden Gebrechen entgegengeht? Wer spürt schon gerne die Angst in sich, ernsthaft oder unheilbar zu erkranken? Wer traut sich schon, solche Ängste zu artikulieren, wenn nur zu oft der Vorwurf der Hypochondrie folgt? Wer kennt nicht die unerwünschten Rat"schläge", wie mann oder frau das Beste aus seinem Typ machen soll?

Und das Beste ist natürlich, was andere entlastet, schont. Ihr Zeit- wie ihr Finanzbudget. Und ihr Emotionalkapital nicht antastet.

Und wie, bitte, kann ein Einsamer gemeinschaftlich sein, wenn ihn die Gemeinschaft – "Gemein"schaft – nicht will? Wenn er in seiner Depression gar nicht die Kraft hat, auch nur einen Schritt auf jemand anderen zuzugehen? Und wie oft verbirgt sich gerade hinter dem Anschein von Faulheit tiefste Melancholie! Ist aber jemand lebensfroh, ausdrucksstark, "mediterran", ist es vielfach auch nicht recht: zu wild, zu laut, zu "unkultiviert" heißt es dann.

Die vom "Sündenfall" her altvertraute "Erkenntnis" lautet immer wieder: wir leben in einer polaren Welt, in einer Welt von Gut und Böse, Himmel und Hölle, Engel und Teufel. Licht und Schatten. Liebe und Haß. Das Wort Sünde kommt ja auch von "absondern".

Abspalten, ausgrenzen, wegdelegieren sind die archaischen Formen, sich von all dem zu distanzieren, was Angst macht. Das ist der Weg des Hasses. Der Weg der Liebe ist der Weg der Schattenintegration: das Fremde näher zu betrachten, kennenzulernen. Erkennen. Durchaus auch im biblischen Sinn: eins werden mit dem Anderen. Die heilende, heilige Form der Erkenntnis.

BEGLÜCKUNG

Als in den späten 60er Jahren die sexuelle Befreiung unmerklich langsam von der Frauenbewegung in den Hintergrund gedrängt wurde, lief bei einer Viennale ein wunderschöner französischer Film mit dem Namen „Das Glück". Wunderschön waren die Menschen, die die Hauptrollen spielten. Wunderschön war die Musik. Wunderschön waren die Farben und wunderschön waren all die Bildkompositionen, in denen die Handlung ihren Fortgang nahm..

„Le" Bonheur. Denn das Glück, um das es ging, war männlich: das Glück eines Mannes, Familienvaters, dessen Tage mit dem Lächeln seiner liebreizenden Frau und dem Lachen seiner lebhaften Kinder begann und endete, und dazwischen lagen berufliche Kompetenz, die Zufriedenheit seiner Kunden und die Zärtlichkeit seiner Geliebten. Was will man(n) mehr?

Der Filmheld wollte die Wahrhaftigkeit. Und so schlug er anläßlich eines Sonntagsausflugs seiner Ehefrau vor, in Hinkunft doch auch seine Geliebte in den Haushalt aufzunehmen – damit sie alle mitsammen sein Glück genießen könnten. Seine Ehefrau hörte ihm aufmerksam und ruhig zu. Und so legte er sich friedlich und zufrieden am Ufer des Teiches oder Sees, an dem sie alle vier picknickten, zum Mittagsschläfchen nieder. Als ihn die Nachmittagskühle weckte, war er Witwer. Seine Frau hatte sich still und leise, wie um ihn nicht zu stören, ertränkt.

Sattsein oder leisten?

Ist es Glück, wenn man alles hat, was das Herz begehrt? Wenn alle Wünsche erfüllt sind und man satt wie ein Säugling an der Mutterbrust einschlafen kann, voll des ungestörten Urvertrauens?

Ist es Glück, wenn man sich dem eintönigen Ehealltag entronnen wähnen kann, all den Herausforderungen und Krisen, die andere im Privatleben wie auch im Beruf leiden machen und die nur zu oft in unlösbare Dilemmata stürzen? Ist es Glück, von anderen bewundert oder beneidet zu werden, als Held der Arbeit oder als Oberhaupt eines Clans? Oder als Working Girl, Power Frau, Domina oder Schätzchen? Ist es Glück, in Zeiten hoher Arbeitslosigkeit unersetzbar zu scheinen? Ist es Glück, seine Schulden im Griff zu haben? Ist es Glück, jeden einzelnen Abend mit heilen Gliedern dem Straßenverkehr zu entrinnen? Oder ist es Glück, seine „Lust auf Liebe" ohne HIV-Infektion ungebunden auszuleben?

Aus der Sicht der Streßforschung gibt es Eustreß und Disstreß: während ersterer gerade so viel an Anpassung an neue Gegebenheiten erfordert, daß man das eigene Potential um genau den nächsten Wachstumsring erweitern kann und demnach mit dem Wohlgefühl der Selbstaktualisierung zurückblickt, folgen auf letzteren die quälenden Emotionen der Überforderung. Gerade noch davongekommen! Glück gehabt!

Im Eustreß erleben wir eine Wachstumschance: wir erweitern unser Wissen, Können und auch unseren Brustkorb – denn wir atmen dann auf, aufrecht und aufrichtig. Im Disstreß tun wir das nicht. Da halten wir verbissen die Luft an, hecheln uns durch Engpässe und Niederungen menschlichen Zusammenlebens und gehen schließlich mit einem letzten Seufzer in die Knie oder gleich zu Boden.

Glück vorgaukeln

Workaholismus und Konsumrausch erscheinen, von außen betrachtet, als Non plus ultra des Glücklichseins. Ihre Vorstufen – Flucht vor einengender Nähe und/oder frustrierender Realität hingegen – ziehen Stigmatisierung als Außenseiter nach sich – auch wenn die Mehrheit der Österreicher die Abhängigkeit vom Alkohol anstelle der von geliebten Personen bevorzugt. Denn es „schaut nicht gut aus", wenn eine erwachsene Person quasi als Riesen-Säugling im eigenen Dreck liegt, selig lallt und – frei von nüchterner Kontrolle – verlangt, liebgehabt zu werden.

Glück kann man ansehen. Aber nicht jede Ansicht können wir ertragen. Je mehr die Glückseligkeit sich den Lebensformen des „polymorph perversen Säuglings"annähert, desto mehr weigern sich „Erwachsene", das „primitive" Stammhirnglück mitanzusehen. Glück als Großhirnleistung? Mitnichten. Der Zustand des Glücks hat schon etwas Archaisches an sich. Und dennoch bleiben wir unbefriedigt, wenn wir nur das stumpfe Glück der Sättigung oder Entleerung, des Zupackens oder Herzeigens, des Auftrumpfens oder Übertrumpfens erleben – auch wenn wir dabei kurzfristig Frieden erleben – Frieden geben. Wir geben dann anderen nur die Art von Frieden, daß wir sie nicht mit Beglückungswünschen bedrängen: „Komm – spiel mit mir Glücklichsein!" Wir streben nach Bewußtheit und Kontinuität, aber wir suchen sie außen, nicht innen. Wir suchen sie bei Vorbildern – bei Gurus und leider meist, weil stets verfügbar, bei den elektronischen.

Wenn in den immer wiederkehrenden TV-Werbespots „beautiful young people" auffordern, „hinein ins Freizeit-Feeling" zu tauchen, sind sie Teil einer „zwieträchtigen" Zerstörungstechnik: denn sie propagieren ja nicht ein Gefühl, sondern Handlungsweisen, auf welche angeblich die ersehnten Gefühle folgen. „Folge mir nach" – eine Botschaft der Verheißung? Oder eine der Verführung? Gekoppelt mit der Notwendigkeit, zuerst das nötige Kleingeld verdienen zu müssen, um diese Arten von Glück überhaupt nachvollziehen zu können, die karottengleich vor Fernsehers Eselsnase vorbeiflitzen, pendeln die Glückssucher zwischen den Nachahmungsphasen frühester Kindheit und der ersten Leistungsbeflissenheit.

Es sieht ja auch so einfach aus: man muß nur abschauen, was die beruflich, familiär, sexuell Erfolgreichen tun, lautet die Kleinkindlogik, und dann bekommt man genau das, was auch die anderen bekommen. In Märchen scheitert Pechmarie ebenso an dieser Taktik wie Kain in der Bibel.

Neid ist bestenfalls ein Impulsgeber, um sich auf die Suche nach dem Glück zu begeben. Man denkt dann zwar, wer anderer hätte den Dreh heraußen und man müßte nur dasselbe Ding drehen – zuletzt hat man verdrehte Ansichten und ist überhaupt ganz durchgedreht. Zumindest die Augen hat man verdreht – vom steten scheelen Blicken: was machen denn die Anderen? Und: wie machen es die anderen?

Glück erarbeiten

Glücklichwerden entzieht sich dem linearen Denken wie dem Denken überhaupt. Bei aller Vorschau, Voraussicht und Vorsicht – Glück läßt sich nicht vorhersehen und daher auch nicht planen. Aber es läßt sich dennoch erarbeiten: wenn wir nämlich unser Denken und Fühlen, unsere Körperempfindungen und unsere Intuition in gleichmäßige Balance bringen – wenn wir unsere Mitte finden – verlieren Indoktrinationen ihre Dominanz und die Stimme des Gewissens – der Gewißheit – ist leise zu vernehmen. Sie sagt uns, was für uns gut ist und für andere.

Glück erleben wir, wenn wir unser Herz öffnen und offenhalten, und ebenso unsere Sinnesorgane und unseren Geist. Dann können wir nämlich das „Schöne“ – die Kraft und die Herrlichkeit – in allem erkennen. „Erkennen“ durchaus im biblischen Sinn: denkfühlenspürenahnen, was er, sie oder es im Wesenskern ausstrahlt. Was wir aber kennen – uns vertraut gemacht haben – egal ob Lebewesen oder erstarrte Form – können wir auch lieben. Und Liebe – nicht Verliebtheit, nicht Begehren und schon gar nicht bloße Lust auf Liebe – ist der Zustand des Glücks, der Einheit mit sich, mit der Umwelt, mit der Schöpfung.

FAMILIE KANN GELINGEN

Familiengründung in unserem Sinn wurzelt einerseits in dem Bedürfnis nach Schutz vor Außenfeinden – vor allem, um Leib und Leben und Grundbesitz zu sichern, andererseits in der Organisation der Arbeitsteilung in Innen- und Außenarbeiten. Dabei fällt auch heute auf, daß Außenaktivitäten höher bewertet wurden und werden als Innenaktivitäten. Wer angepaßt war, durfte hinaus, wer kontrolliert oder bestraft werden sollte, mußte drinnen bleiben. Oder er wurde im Gegensatz ganz weit nach außen verlegt – verbannt.

Familie kann gelingen, wenn darauf geachtet wird, daß jede Person genug Raum und Zeit für sich hat – ein eigenes Revier, geistig, seelisch und körperlich.

Zuviel Nähe – zu wenig Raum – bewirkt Dichtestreß und steigert die Aggressivität. Zu wenig Zeit für sich bedeutet Druck. Wir alle brauchen klare Grenzen, Pausen und – Respekt. Je größer eine Familie aber ist, desto mehr besteht die Gefahr, daß jemand „übersehen" oder auf ihn oder sie „herabgesehen" wird. Und daß jemand verlangt, daß zu ihm oder ihr „aufgesehen" wird. Oder daß sich jemand unsichtbar machen will.

Eine Form, „Reibung" zu vermeiden, besteht in der Selbsterhöhung: man steigt quasi auf ein Podest oder – geht in die Luft. Andere verschwinden im Untergrund. So entstehen „schiefe" Kommunikationsebenen – man verliert einander aus den Augen.

Familie kann gelingen, wenn darauf geachtet wird, daß es der Familie als Ganzes gar nicht gut gehen kann, wenn es nicht jedem Teil davon gut geht.

MYTHOS FAMILIE

Harald PICKER hat in seinen einleitenden Worten zu meinem Referat darauf hingewiesen, daß ich von den psychotherapeutischen Vereinen, in denen ich ausgebildet wurde, oft Kritik einstecken mußte, weil ich nicht den "anständigen" Weg gegangen bin. Nämlich dem Motto entsprechend "Du sollst keine anderen Götter haben neben mir", sondern einen "unanständigen", "untreuen" – womit ich schon mitten in einem Thema bin, das zu den Familienmythen zählt: Fragen, wer gehört alles zur Familie, wer darf nicht dazugehören, mit wem darf man keine Kontakte haben, deuten auf den Mythos hin, daß man nur eine einzige enge, nahe Beziehung haben darf und daß es auch nur eine einzige enge, nahe Beziehung geben kann.

Männerphantasien, Frauenphantasien

Es gibt viele Familienmythen. Sie prägen unsere Erwartungen, Wünsche und Ängste. Wie aber kommen wir zu diesen Glaubenssätzen? Werden wir dazu erzogen?

Erinnern Sie sich an Ihre eigene Kindheit und die Familie, in die Sie hineingeboren wurden, an die Modelle Ihrer Eltern: je nachdem wird "Familie" bei Ihnen entweder eine Horrorvision auslösen und Sie werden an Familienbande nur im Sinne von Rasselbande oder Verbrecherbande denken, oder Sie werden Wohlgefühle bekommen, Geborgenheitsreminiszenzen, die möglicherweise noch durch Märchen und Schulbuchlegenden verklärt sind. Viele dieser nostalgischen Bilder entsprechen nicht der Realität.

Darauf kommen wir aber meist erst, wenn wir sie als Erwachsene in der psychotherapeutischen Selbsterfahrung durcharbeiten.

Sehen wir uns nun die Märchen einmal genauer an, die uns nur zu gerne als Erziehungshilfsmittel verpaßt werden: immer wieder finden nach allen Irrungen und Wirrungen schlußendlich Magd und Königssohn, Bauerntölpel und Prinzessin zusammen. Dementsprechend erwarten auch wir, daß das "große Glück" kommt, wie ungleichgewichtig unsere Paarung auch sein mag, wenn nur die ersten Hürden überwunden sind.

Die Älteren werden sich noch an die "böse, die pillenlose Zeit" erinnern: damals mußten Männer vor allem die Hürde "Schwangerschaftsängste" überwinden. Sie mußten so gut balzen, daß ihre Angebetete nicht mehr an die Folgen ihrer Hingabe dachte ... Damals hat sich eine Frau erst dann hingegeben, wenn sie wirklich – auch körperlich – den Zustand erreicht hat, wo sie sich sagte "Ach was, sei's drum, ich will Dich!" Wie wenig Hürden gibt es dagegen heute noch zu überwinden: da heißt es "Zier Dich nicht, Du nimmst doch ohnedies die Pille!" und "Wenn Du nicht willst – bitte, es gibt genug andere, die nicht so feige sind ..."

In meinem Buch "Ungeduld des Leibes" beschreibe ich den Aufbau gelungener sexueller Paarung, die heutzutage ja meist der Familiengründung vorausgeht: von der Kontaktnahme über Beziehung zur Intimität und dann erst zur vollzogenen Sexualität. Heute fehlen meist die Zwischenstufen. Auf Kontakt folgt bereits der Vollzug der Sexualität.

Wer therapeutisch arbeitet, weiß, daß Held und Heldin im Märchen für den "inneren Mann" oder die "innere Frau" stehen, für aktive und passive Seelenanteile und allerlei Konflikte, die auf diese Weise metaphorisch dargestellt werden. Das kleine Kind, das ein Märchen vorgelesen, erzählt bekommt, weiß das aber nicht. Für das kleine Kind handelt es sich um eine "Anleitung zum Glücklichwerden".

Irreale Bilder

Für die Großen gibt es auch Märchen: die Werbung, die Propaganda. Denken wir nur an die aktuellen Fernsehsendungen! Was da alles vorgegeben wird an Mythen, wie ein Familienleben aussehen soll: Pappi und Mammi, ein wohlerzogenes Kindlein an den Händen, hüpfen den Schmetterlingen gleich freudig über die Wiesen ... Oder Szenen eines vorbildlichen Haushalts: da sehen wir dann die perfekt ondulierte, am übrigen Körper hingegen absolut haarfreie, dank Deospray nicht verschwitzte, sondern wohlduftende, absolut stressfreie, nicht kranke, nicht grantige, zufriedene Hausfrau mit ihrem glücklichen Mann, der voll Freude auf diese wundervollen Familienangehörigen – natürlich sofort nach Dienstschluß – heimkommt, und entzückende Kinderlein, die nie quengeln, nie raufen, und Omas und Opas, die nichts anderes zu tun haben als babyzusitten und Packerlsuppen einzurühren. Nur ab und zu geistert ein Widerling mit Übergewicht durch die Szene; der soll sich dann nicht mehr mit Mammis Tiefkühl- oder Fertigmenüs das Maul stopfen lassen, sondern mit "Obstgarten light".

Wir wissen aus der Arbeit mit unseren Klienten, wie Familienleben wirklich aussieht: wie sich die Menschen verschulden – weil "Anna, den Kredit hamma!" – damit es zu Hause aussieht wie im Michelfeit-Katalog Seite 7, denn dann kommt ja bekanntlich das große Glück im Ehebett, wenn es ein Radio eingebaut hat und eine Bar ... und ein bärliübersätes Kinderzimmer mit Mickey Mouse-Tapeten, denn bekanntlich wird das Glück am größten, wenn Mann und Frau erst durch ein Kindchen verbunden sind ... Krankheit und Arbeitslosigkeit, Unfälle, Querschnittlähmungen, Behinderungen, alte, pflegebedürftige Angehörige kommen in diesen Zukunftsvisionen nicht vor – und was es sonst noch an "allgemeinem Leid" gibt.

Woher kommt es, daß viele Menschen sich so weit von der Realität entfernen? Ich denke ein Jahrhundert zurück: damals hatten die wenigsten Menschen solche – oder überhaupt – Glückserwartungen.

Im Arbeiterheim in Wien-Favoriten steht an der Wand im Festsaal ein Satz, den Viktor ADLER bei der Eröffnungsrede gesprochen hat. Er lautet: "Heute verlangen wir weit mehr – das Recht auf die Frucht der Arbeit, das Recht auf Schönheit – auf Gesundheit – auf Wissen". Ich ergänze dann immer bissig "und das ewige Leben". (Bezeichnenderweise ist das Arbeiterheim Favoriten heute ein fashionables Hotel und über diesem Satz ist ein Vorhang angebracht – weil der Saal ja auch für die p. t. Hotelgäste genutzt wird – und nur wenn die SPÖ dort ihre Jahresversammlungen abhält, wird der Vorhang aufgezogen und der Satz darf zum Vorschein kommen!)

Wenn wir an die Medienberichterstattung über die Grenzen der Medizinethik denken, an "Leichenschwangerschaft" etwa, dann ist wohl klar, was ich meine, wenn ich hier hybrides Wunschdenken orte.

Vor dem Zweiten Weltkrieg mußten Menschen zusammenhalten, denn sie lebten in einer Zeit des Mangels. Familie war ein Hort des gegenseitigen Beistandes, denn es mangelte an Spitälern, an Altersversorgung. Männer brauchten Ehefrauen, denn wer hätte ihnen sonst die Socken gestrickt, gab es doch weder Palmers, Gazelle oder Schöps.

Wer hätte sie im Winter mit Marmelade oder Einlegegemüse versorgt, denn es gab weder Inzersdorfer noch Iglo, und die Frauen brauchten Ehemänner, denn es gab kaum außerhäusliche Arbeitsgelegenheiten für Frauen; unverheiratete Frauen konnten nur, diskriminiert als "alte Jungfern", sich irgendwo in der Familie nützlich machen, oder bei einem "Hagestolz" als Haushälterin dienen, oder, wenn sie gebildet waren, einen der wenigen Gouvernantenarbeitsplätze ergattern, oder, wenn sie die notwendige Mitgift aufbrachten, ins Kloster gehen.

Auch gab es bis Ende des vorigen Jahrhunderts noch etliche Heiratsverbote für bestimmte Berufe: so mußte eine Großtante von mir, die "Postfräulein" war, mit ihrer Eheschließung den Beruf aufgeben, oder auch mein Großvater väterlicherseits – ein kleiner tschechischer Schneider – mußte aus dem renommierten Salon, in dem er werkte, hinaus in die Selbständigkeit, denn sonst hätte er ja womöglich beim Zuschneiden Stoff für seine zukünftigen Kinder abzweigen können ... Aus all diesen Benachteiligungen heraus ist als Gegenmittel die Solidarität der Arbeiterbewegung entstanden.

Dann tritt als Alternative der Nationalsozialismus auf. Ich vertrete die These, daß wir noch heute der Familienideologie der NS-Zeit anhängen.

Fortdauernde Wirkung nationalsozialistischer Familienmodelle

Auf einmal gibt es Muttertag und Mutterkreuz und Mutterjubel und möglichst viele Kinder, denn "Der Führer braucht Soldaten".

So zitiert der Historiker Georg TIDL in seinem Standardwerk "Die Frau im Nationalsozialismus" Passagen aus dem Briefwechsel des Leiters der Parteikanzlei Martin Bormann mit seiner Frau ("Muttimädchen") Gerda, in denen beide darüber nachdenken, wie er Ehefrau und Freundin so sinnig koordinieren könnte, daß immer eine schwanger ist und er die jeweils andere "frei" hat, denn, so schreibt sie, "es wäre eine gute Sache, wenn nach dem Krieg ein Gesetz gemacht würde, das gesunde, wertvolle Männer berechtigte, zwei Frauen zu haben" und er kommentiert "der Führer hat ähnliche Pläne".

Ein neues Familienmodell? Vielweiberei? Natürlich nur aus bevölkerungspolitischen Motiven?

Das nationalsozialistische Familienmodell beruht auf einer scharfen Polarisierung der Geschlechter.

Die im Hause wirkende deutsche Frau "geht mit der Zeit", nachzulesen in der "Schriftenreihe für die praktische Haufrau", herausgegeben vom Reichsausschuß für Volkswirtschaftliche Aufklärung, "Zeitgemäß essen ohne zu entbehren" und "bekämpft alte Küchensünden" wie das Umrühren ("Wir wollen nicht Luft an das Kochgut bringen!"): Fleischlaibchen ohne Fleisch (stattdessen Haferflocken), Rezepte unter Weglassung von Milch, Rezepte unter Weglassung von Eiern ...

Als Motivation dienten Vorworte der Reichsfrauenleiterin Gertrud Scholtz-Klink: "Unsere Frauen und Mädchen sollen sich in guten und schlimmen Tagen nicht nur behaupten können in allen hausfraulichen Aufgaben, sondern darüber hinaus sich in jeder Lebenslage bewußt sein, daß sie als Mutter der Nation ihrem Volk für Heim und Familie verantwortlich sind".

Je mehr Nahrungsmittel fehlten, desto arbeitsintensiver wurde die Hausarbeit und desto mehr wurde sie ideologisiert. Polar dazu der "heldische" Mann, "zäh wie Leder, flink wie Windhunde, hart wie Kruppstahl", der Leib und Leben dem Staat opfert. Fortgesponnen wurde dieses "Programm" in den UFA-Filmen, wo Frauen auf ihre Wünsche nach Nähe verzichten (müssen), weil "Gemeinsinn geht über Eigensinn". Wen wundert es da noch, daß viele Frauen in den Wahn auswichen, nachdem sie den ersten, zweiten, dritten Sohn, den Mann, den Bruder auf dem Feld der Ehre opfern "durften" ... Denn zu protestieren war lebensgefährlich; Kritik durfte nicht ausgesprochen werden. Nicht einmal getrauert durfte werden.

Die vaterlose Gesellschaft beginnt im Dritten Reich

Ganz bewußt wurden Männer dem Männerbund Partei oder Militär einverleibt und damit ihren Familien entfernt, in denen sie nur noch Kurzauftritte als Zeuger hatten, allein der Biologie verpflichtet, damit die Frauen mit ihren Ängsten und Sorgen und Gefühlen nicht die Männer irre machten an der Ideologie eines unmenschlichen Staates.

Dann kam der Zusammenbruch. Und neuerliche Propaganda, allerdings diesmal aus den USA und auf Konsum hin orientiert: Jeans und Coca Cola, „beautiful young people“ und in der Vatergeneration die „lonesome heroes“, die allesamt nach Magengeschwüren aussehen.

Die heutigen Fünzigjährigen, die alle mit diesen Filmen aufgewachsen und auch durch sie sozialisiert wurden, sind dann auch die Klienten, die Schwierigkeiten haben, sich sprachlich auszudrücken und lieber tatsächlich Magengeschwüre bekommen, weil sie ihren Kummer runtersaufen, so wie sie es bei John Wayne gesehen haben oder bei James Dean. So gehört's. Demgegenüber die Frauen, die es nicht schaffen, in Würde zu altern, und sich nach der Hormonbehandlung mit Antibabypillen nun der Östrogensubstitution unterwerfen, weil sie immer noch an Marilyn Monroe und Hinternwackeln oder Brigitte Bardot mit Schmollmund oder Gina Lollobrigida und temperamentvollen Eifersuchtsanfällen und Wutausbrüchen orientiert sind.

Wenn wir heute vom Psychoboom sprechen, frage ich, ob das nicht damit zusammenhängt, daß wir so gar keine Zeit hatten, uns selbst zu finden. Liegt das möglicherweise an der Propaganda der Schnelligkeit?

Heute haben wir die "Kernfamilie": Vater, Mutter, ein bis zwei Kinder. Das ist eine Folge der empfängnisverhütenden Mittel, die seit den 60er Jahren zur Verfügung stehen (und auch die Information darüber). Eine andere Ursache sehe ich im veränderten Zugang zum Arbeitsmarkt für Frauen und den im Gefolge dazu veränderten Siedlungsgewohnheiten. Eine Wirtschaft, die Frauen als Arbeitskräfte (weil kriegsbedingt eine ganze Männergeneration fehlt), als besser ausgebildete Frauen braucht, sorgt dafür, daß andere Frauenleitbilder propagiert werden. Das College Girl verdrängt die Rotkäppchenfrau, die ihren Opa versorgt; die gibt es nur mehr im Heimatfilm.

Braucht die Wirtschaft die Frauen, strotzen die Frauenzeitschriften von Ratschlägen, wie frau den Haushalt rationalisieren kann. Braucht die Wirtschaft die "industrielle Reservearmee" Frauen nicht mehr, kommen die Anleitungen, wie frau selber Brot bäckt und Nudeln zieht. Braucht die Wirtschaft die Frauen, wird Babyfertignahrung beworben, braucht sie sie nicht, das langdauernde Stillen. Braucht die Wirtschaft die Frauen, jagt eine Untersuchung die andere, wie wichtig Kindergartenpädagogik ist, braucht sie sie nicht, werden Horrorszenarien von Verwahrlosung durch mangelnde Mutterliebe (Vater unerheblich) gezeichnet.

Kommunikation bedeutet Zeitverlust

Braucht die Wirtschaft die Frauen, propagieren Wohnzeitschriften wohldurchdachte Kleinwohnungen mit möglichst vielen gewinnbringenden Elektrogeräten: Zeitgewinn für die Frau, Umsatzgewinn für die Industrie. Keine Waschsalons im Keller und schon gar kein Ein-Küchenhaus, wie es Schütte-Lihotzky in der Zwischenkriegszeit in Wien geplant und gebaut hatte, stattdessen jeder ihren Waschvollautomaten mit Trockner und ihre Mikrowelle. Kommunikation mit anderen Frauen unerwünscht. Sonst gäbe es ja womöglich Solidarität statt Konkurrenz.

Verwandte, die früher im Familienverband gelebt haben, werden ausgegrenzt. Zusammenleben braucht Kommunikation. Kommunikation bedeutet Zeitverlust.

Früher gehörten aber auch Mägde und Knechte, im städtischen Bereich die "Bettgeher", zur Familie. Das heißt: Familie wurde in einem viel weiteren Sinn definiert und umfaßte nicht nur Blutsverwandte. Wieder läßt das Dritte Reich grüßen mit seiner Blut- und Bodenideologie, mit der Pflicht zur "Reinhaltung des Blutes" und anderenfalls "Rassenschande". Diese Überbetonung der Blutsverwandtschaft führt dazu, daß ab der Distanz jenseits der direkten Abstammung Menschen nicht mehr als nahestehend empfunden werden. Dabei wissen wir alle aus unseren eigenen Familiengeschichten, daß wir uns oft mit Onkel oder Tante besser verstehen als mit den Eltern.

Im Verband der Großfamilie ist es leichter, sich aus der Fülle der Wahlmöglichkeiten Nähe zu den Personen zu suchen, deren Verhalten geeignete Modelle bieten und die vertrauenswürdig und hilfreich sind. Familie als offenes System – vielleicht auch eine geeignete Prävention gegen physische, psychische und sexuelle Mißhandlung. Aber das ist nicht erwünscht in einer Industriegesellschaft, die daran interessiert ist, daß möglichst Einzelpersonen Haushalte führen, weil es einfach profitabler ist, wenn in zehn Garconnieren zehn Waschmaschinen und zehn Mikrowellenherde stehen als vielleicht in einer großen Wohngemeinschaft zehn Familien eine Waschmaschine benutzen und einen Mikrowellenherd. Wir erleben eine gezielte Propaganda auf Vereinzelung hin. Damit werden Menschen freigespielt für den Arbeitsprozeß, aber auch für die Freizeitindustrie – und für die Konsumation psychosozialer Dienste.

Beziehung wird niedrig bewertet. Beziehung braucht nämlich Zeit. Unsere Zeit setzt aber auf Beschleunigung: es wird alles immer schneller, Wissen vermehrt sich rasant, die Verkehrsmittel werden schneller sowie die Kommunikationswege, und demgemäß wird auch vom Menschen immer mehr erwartet an Wissen, Reaktionsschnelle und Mobilität. Das führt wieder dazu, daß wir selbst schneller denken, schneller atmen, schneller reden – oder gar nicht mehr.

Nachdenken, Nachfühlen braucht aber Zeit. Ich habe in meinem Essayband "Zeit(t)räume" versucht zu zeigen, wie wir gehindert werden, Gefühle zu entwickeln – auch in unseren sexuellen "Beziehungen".

Wir brauchen nur die Cover von Zeitgeistmagazinen zu beobachten: Tempo, Geschwindigkeits- und andere Räusche, nur nicht nachdenken, sonst könnte ja Widerstand, Kritik, Protest aufkommen, nur nicht nachfühlen, sonst könnte ja Widerwillen, Entsetzen, Grauen entstehen.

Wo lassen fühlen?

Nur: wie verträgt sich das alles mit dem ewigwährenden Mythos von der "Großen Liebe", die Garant sein soll, daß die zu begründende Familie glücklich wird? "Begründen" im Doppelsinn des Wortes erfordert nämlich auch Nachdenken.

Wir lernen nicht, wie wir lieben können, zum Lieben braucht man nämlich auch Zeit.

Wo bleibt die Zeit, wenn man nach der Arbeit, nach Überstunden, nach Fortbildung heimhetzt, die Kinder schnell aus dem Kindergarten holt und nebenbei noch einkauft, kocht und schon vorm Fernsehapparat ißt – denn man muß sich ja über das Zeitgeschehen orientieren und auch beim Small Talk auf dem Laufenden sein – oder ins Fitness Center rennt, denn man muß ja fit sein im Konkurrenzkampf und Erfolg auch körperlich ausstrahlen.

Wo bleibt die Zeit für Tiefgang anstelle oberflächlicher Gespräche? Fünfzig Minuten im Terminkalender für die Seelenreinigung beim Therapeuten, als dem einzigen, der sich in Dauer voll auf einen konzentriert? Wo man sich ausfühlen darf und Einfühlung erlebt? Konsumfrage "Wo lassen fühlen?" In einer Zeit, in der alles kommerzialisiert ist, wird auch "Beziehungsarbeit" professionalisiert.

Jetzt frage ich: wollen wir da wirklich mittun? Oder wollen wir gemeinsam überlegen, ob wir nicht etwas anderes brauchen? Ich sage das im Bewußtsein, aktuell mitzuerleben, wie ausgrenzend unser Staat mit Menschen umgeht, die in ein fremdes Land flüchten mußten, weil sie in ihrem eigenen an Leib und Leben bedroht sind. Und ich denke daran, unter wievielen unbefriedigten Bedürfnissen an Kommunikation, an

Beziehung, zahlreiche Mitmenschen leiden, weil Familie sie nicht mehr abdecken kann? Ich plädiere dafür, ernsthaft nachzudenken, ob wir unsere Familienvorstellungen nach wie vor an der zitierten Blut- und Mutterideologie orientieren wollen – oder ob wir nicht stattdessen selbstgewählte Kollektive als Familie definieren möchten.

Drei Beispiele

Als ich in einem Rehabilitationszentrum Krankenpflegepersonen unterrichtete, die mit Querschnittspatienten arbeiteten, habe ich durch sie von einer jungen Frau erfahren, die bisher die Geliebte eines verheirateten Mannes war, der sich zuerst noch um sie gekümmert, sie jetzt aber verlassen hat. Sie hat keine Familie, keinen Freundeskreis. Sie wird nun nach Hause entlassen – nur: wer wird sie betreuen? Ihr fehlt die Familie, jene Menschen, die auf sie schauen, ihr helfen. Professionelle Helfer kann sie sich nicht leisten . Einen Ehepartner wird sie kaum finden. Aber könnte sie nicht selbst ohne Heirat eine Familie gründen?

Oder denken wir an homosexuell liebende Paare. Nehmen wir an, einer ist an AIDS erkrankt und wird vom anderen aufopfernd betreut. Er hat keine Möglichkeit, ihm all die Einstandsrechte zu übermitteln, die für Ehepartner oder Kinder selbstverständlich sind, wie schlecht die Ehe oder die Eltern-Kind-Beziehung auch sein mag.

Oder ich denke an mich selbst: ich habe in meine Familie einen desertierten Kosovoalbaner aufgenommen, der auch mein Sohn sein hätte können. Ich erbringe Leistungen wie an einen Sohn, er verhält sich in der Familie wie ein Sohn. Aber Familienbeihilfe oder einen Steuerabsetzposten bekomme ich deswegen noch lange nicht.

Ich frage: warum dürfen wir nicht Fremde als Mitglieder in die Familie aufnehmen und Familie so neu – oder alt – definieren, aus Gemeinschaftsgefühl, aus Solidarität oder einfach, weil es eine Bereicherung ist, mit anderen Menschen in Beziehung zu kommen (auch wenn es manchmal anstrengend ist und schwer, aber das ist es mit Blutsverwandten ebenso!)?

Warum müssen wir uns auf eine einzige Person konzentrieren, z. B. Ehemann oder Ehefrau? Warum müssen wir andere mit Wünschen überfordern, die vielleicht zur Mutter der frühesten Kindheit gehören? Und die die Mutter der frühesten Kindheit ja auch überfordern – wenn sie keine helfende Großfamilie zur Entlastung hat.

Wir sollten uns die Zeit nehmen, einander ins Gesicht zu schauen. Dann merken wir nämlich, ob jemand Zuwendung braucht oder Hilfe oder auch Energie. Aber vielleicht soll genau das in unserer – auf Schnelligkeit bedachten — Zeit vermieden werden? Damit wir alles, was wir als lästige Pflicht definieren, wegdelegieren können?

Ich fordere ein neues Familienmodell

Es hat einmal eine Aktion gegeben "Holt die Kinder aus den Heimen", am Sonntag zumindest. Ich weiß nicht, ob sie erfolgreich war. Es gibt aber nicht nur Kinder, die darauf warten – oder das Warten aufgegeben haben – daß man Kontakt zu ihnen aufnimmt. Es gibt viele Menschen, die nicht wissen, wohin mit ihrer Energie, ihrer Liebe, ihrer Kontaktbereitschaft.

Denken wir noch einmal an die Fallbeispiele: wir erleben, wieviele Menschen sukzessiv mehrere Familien gründen. Wir erleben, wieviel Leid daraus erwächst, daß wir den Mythos nähren, man müßte rivalisieren und Spinnefeind sein, wenn ein Ehepartner weitere, womöglich sogar tiefere Beziehungen hat als die eheliche. Und ich frage: sollen immer nur ein Mann und eine Frau mitsammen eine Familie gründen dürfen?

Mit der vollen Erbberechtigung außerehelicher Kinder neben ehelichen hat der Staat bereits ein Zeichen jenseits der traditionellen Moral gesetzt, daß er außereheliche Verbindungen gleich respektiert – ob es nun die jeweils Betroffenen wollen oder nicht. Sollten die Betroffenen nicht endlich auch ihre Familien gründen dürfen, wie sie wollen?

MUTTERTAGSTRÄUME

Solange man ein weitgehend sorgenfreies Kindergartenleben genießen darf, stellt sich die Frage nach dem Muttertagsgeschenk kaum. Sinnbild und Material sind bereits vorhanden und warten nur auf die Verwirklichung durch schweißnasse Patschhändchen. Geduldige Helferinnen auch.

In der Volksschulzeit beginnt der Ernst des Lebens. Jetzt müssen die ersten Liebeserklärungen geschrieben werden und das noch ohne Rechtschreibfehler! Meist haben die lieben Kleinen auch keine Herzerln mehr in den Augen, wenn sie Muttern beglücken sollen, sondern die Spuren von Kochstress, denn jetzt sind sie groß genug, um den Herd zu überblicken – zumindest Frühstückmachen ist Ehrensache.

Später gesellt sich die Nachkommenschaft meist nahtlos in die Reihe der Einfallslosen: zum Muttertag was Nützliches, Praktisches, Risikoloses. Toiletteartikel, Küchenzubehör, und – sicher ist sicher – Gutscheinmünzen. So wird "Mutter" verbunden mit "Nützlichem", "Praktischem" und "Sicherem", und damit Mutter nicht vergißt, daß Nützlichkeit und Sicherheit belohnt werden, wird sie belohnt. Ebenso die eigene Mutter.

Mutters „Schatten“

Wo aber bleiben Mutters "andere Seiten"? frage ich, die "unnützen"? Die "luxuriösen"? Die "aufregenden"? Die sollten doch auch belohnt werden!

Vielleicht wünscht sich Mutter heimlich so einen Spitzenbody wie vom Plakat — Marke "Trau dich doch!" – oder Großmama einen Mono-Ohrring? Vielleicht sehnt sie sich nach Kuschelrock, vielleicht nach einem Walkman?

Oder Großmutter nach einem Pager-Nachricht auf dem Display: "Ich denk an Dich!"?

Gerade zu den regelmäßig wiederkehrenden Festtagen wie Weihnacht, Ostern, Muttertag laden die Einkaufsstraßen zum Bummeln ein: nicht die "Alle-Jahre-wieder-Geschenke" aus dem Werbefernsehen sind es, die das Herz erwärmen, sondern die außergewöhnlichen, die frechen, die zärtlichen, die wagemutigen und die lustbetonten – die, die zeigen: "Ich weiß, wer Du wirklich bist – nicht nur, was Du machst!"

Von dem weltberühmten österreichischen Psychotherapeuten und Kommunikationswissenschafter Paul WATZLAWICK stammt der Satz: "Immer wenn ich etwas von mir gebe, gebe ich etwas von mir!" Wenn wir – mit oder ohne Muttertag – Frauen, die uns Leben und/oder Liebe gegeben haben, etwas zurückgeben wollen, sollte es ein "So erkenne ich Dich!" sein.

FAMILIENMANAGEMENT

Managen heißt Ziele vorgeben, Ressourcen finden und einteilen sowie Standards festlegen. Zu den Ressourcen zählt auch das „human capital“ und zu den Standards der berechtigte Wunsch der Mitarbeitenden, sich über die Güte ihrer Leistung auszukennen.

In ihrer Berufsrolle können wir dann unterschiedliches Führungsverhalten beobachten: die einen entscheiden selbstgefällig nur nach eigenem Gutdünken bzw. Dünkel, und geben ebenso egozentrisch die "Vorgaben", egal, ob sie realitätsbezogen sind oder nicht, die anderen versuchen im mehr oder weniger partnerschaftlichen Austausch mit den "Anderen" diesen ihren Aufgaben – oder dem, was sie dafür halten – zu entsprechen.

Nun lernen wir alle am Vorbild, brauchen Übung, werden durch Lob verstärkt und durch Tadel verunsichert bis blockiert. Da wir Anleitung, Führung, Autorität fürs erste unbewußt vom Modell unserer Eltern übernehmen, übernehmen wir auch deren Autoritätsanspruch – im Beruf wie im Familienbereich. "Wer zahlt, schafft an" lautet der zugehörige Mythos. Da dauert es meist einige Zeit, bis wir durch zivilcouragierte Zukunfts-Partner (oder sokratische "Hebammen" unserer "psychischen Geburt") informiert werden, daß wir Menschen kaum durch Angstmache motivieren.

Angst-Macher

Angst kommt von Enge – der Enge des Brustkorbs, wenn wir Luft anhalten, erstarren (uns tot stellen) und uns klein machen (möglichst wenig Angriffsfläche geben wollen). Im Zusammenleben – in der Zusammenarbeit – mit manchen Managern wird diese (Geistes- wie Körper-) Haltung chronisch.

Wer sich dessen bewußt wird, trennt sich von diesen Dunkelmännern, kündigt oder läßt sich scheiden; die anderen reagieren psychosomatisch und flüchten so in Krankenstände, oder sie ziehen sich in die "innere Emigration" zurück. Demgegenüber erkennen wir Lichtgestalten daran, daß um sie herum selbst in schwierigsten Wirtschaftslagen/Familienkrisen soziale Zufriedenheit herrscht. Sie verstehen, eigene wie fremde Grenzen zu erkennen und zu respektieren, über- oder unterfordern daher nicht und haben das Geschick, Wachstumsschritte in der dafür notwendigen Zeit in den dafür passenden Raum zu setzen.

"Da der Mensch nicht über unbegrenzte Quantitäten psychischer Energie verfügt, muß er seine Aufgaben durch zweckmäßige Verteilung der Libido erledigen. Was er für kulturelle Zwecke verbraucht, entzieht er großenteils den Frauen und dem Sexualleben: das beständige Zusammensein mit Männern, seine Abhängigkeit von den Beziehungen zu ihnen entfremden ihn sogar seinen Aufgaben als Ehemann und Vater." schrieb Sigmund FREUD 1930 in "Das Unbehagen in der Kultur".

Diese "patriarchale" Weltsicht setzt Mensch noch mit Mann gleich; seit dem Zweiten Weltkrieg, dem Wiederaufbau Europas und der Installierung einer professionell beworbenen Konsumgesellschaft, trifft der Zwang zur Libidoverteilung zwischen Pflicht und Neigung alle. Frauen müssen ebenso Entscheidungen treffen, wieviel Raum, Zeit und Energie sie dem Partner, den Kindern widmen, aber auch Kinder (und Alte, Kranke, Behinderte) stehen vor diesen Entscheidungen – und haben sie meist nicht selbst und freiwillig getroffen.

Denn Vorbildlernen heißt heute leider nur zu oft unbewußte Orientierung an den künstlichen Leitbildern von Film- und Fernsehwerbung. Und die sind widerspruchsvoll.

Einerseits soll man sich durchsetzen, andererseits sensibel aufeinander eingehen. Einerseits soll man möglichst alles konsumieren, andererseits bewußt auswählen und verzichten.

Einerseits sollen wir immer schneller leisten, andererseits die Freuden der Langsamkeit entdecken. Die traditionellen Grenzen und Begrenzungen sind verblasst. Wir stoßen individuell wie kollektiv an Grenzen und merken es kaum. Wen wundert's, daß in dieser Welt immer mehr "Borderline"-Persönlichkeitsstörungen registriert werden?

Macher-Mythen

Diesen unausgesprochenen Erwartungen steht selbstunsicheres Verhalten gegenüber: so beklagt etwa eine Karrierefrau in der Bundesverwaltung, sie schaffe es trotz Haushälterin und Kindermädchen nicht, sich gegenüber den nonverbalen Forderungen ihrer Familie "Wenn Du zu Hause bist, mußt Du die Hausarbeit (Essen zubereiten) machen", abzugrenzen. Und der Präsident einer großen Organisation läßt sich widerspruchslos alle Forderungen von Frau und Tochter umhängen, frei nach dem Motto "Du bist dafür verantwortlich, daß wir glücklich sind!"

Das sind Mythen – Glaubenssätze, die letztlich nur dazu dienen, destruktiv Macht übereinander auszuüben. Konstruktive Machtausübung heißt Information und Verdeutlichung der eigenen wie der fremden Grenzen. Unerwünschte Grenzüberschreitungen sind Machtmißbrauch. Wir sollten sie weder im Beruf noch im Familienleben dulden.

Aber gerade dort, wo wir so viele Beglückungserwartungen hegen, fehlt uns oft die Strategie zur Grenzverteidigung.

Woher auch? Von unserer Elterngeneration, die vielfach noch im Dritten Reich (oder von monarchistisch indoktrinierten Eltern), soziali-siert worden ist, wurde uns noch Unterwerfung um jeden Preis gepredigt. Militärische und analoge Gruppierungen (wie Sportvereine, aber auch Ideologiegemeinschaften) üben noch immer Kadavergehorsam ein.

Der Wunsch nach Verschmelzung mit einem "Größeren" ist der Wunsch nach Symbiose mit der "tragenden", "trächtigen" Mutter, egal ob es "die Firma" ist oder "die Familie". Wenn es in der einen nicht geht, dann wenigstens in der anderen. Zurück in den Uterus. Slalom zwischen Workaholismus und Cocooning. Nur: das ist kein autonomer, erwachsener Lebensstil.

Lebendig sein und bleiben heißt, einen adäquaten Austausch zwischen Spannung und Entspannung, zwischen Aufnehmen und Abgeben, zwischen Fortschreiten und Innehalten zu finden.

Gesundheit ist nach der Definition der Weltgesundheitsorganisation WHO, wie schon erwähnt, nicht nur Freisein von Krankheit und Behinderung, sondern "vollkommenes physisches, psychisches UND SOZIALES Wohlbefinden", wobei sozial meist als ausreichendes Vorhandensein von Licht, Luft und Bewegungsraum verstanden wird. Ich definiere es als Wohlbefinden im Umgang miteinander, am Arbeitsplatz wie im Privatbereich.

Igel und Hasen

Experte für Wohlbefinden ist immer nur die Person, um deren Befindlichkeit es geht; daher muß sie danach gefragt werden. Das aber ist eine Annäherung – Kontakt mit ihren Grenzen. Er sollte respektvoll und behutsam erfolgen. Und nicht zu schnell! Schnell interagieren bedeutet die Gefahr von Unfällen oder Gewalt, im besten Fall, die Zeitfrequenzen des "Anderen" nicht zu achten, sich für den "Anderen" keine Zeit nehmen zu wollen. "Die Schnellen fressen die Langsamen" bedeutet Anspruch auf animalische Verhaltensweisen.

Wir leben alle in und nach unterschiedlichen Zeitrhythmen, je nach Alter, Gesundheitszustand, und damit auch in einem "verfügbaren" Bewegungsraum ("Revier"). Schnelligkeit erhöht – nicht nur bei Waffen – die "Durchschlagskraft". Diese ist Gewalt. Dort, wo dem Mythos vom einsamen Glückesschmied geglaubt wird, herrscht meist auch der Glaubenssatz von der Notwendigkeit eines "Oberhauptes". Auch wenn die Familienrechtsreform 1978 den Grundsatz "Der Mann ist das Haupt der Familie" beseitigt hat, beanspruchen etliche, nunmehr kopflose, "Häuptlinge" noch immer eheherrliche oder elterliche Gewalt, ohne die "Schattenseite" der Pflichten – z. B. der zu "anständiger Begegnung" – wahrzunehmen. Anstand heißt Abstand wahren: was/wer zu nahe ist, sehen wir nicht mehr, wir spüren höchstens und stoßen von uns oder treiben in die Ecke, unterdrücken.

Schnelligkeit erspart dabei nicht nur Widerstände, sondern auch Gefühle. Mitfühlen. Einfühlen. Das braucht Zeit. Denkprozesse kann man beschleunigen, z. B. durch Standardisieren. Im zwischenmenschlichen Austausch haben wir dann zwar noch Kontakt, aber bloß oberflächlichen. Vielleicht sogar flächendeckenden! Allen Familienmitgliedern gleichmäßig über's Köpfchen gestreichelt ... da ein bißchen gelobt, dort ein bißchen sanktioniert ... da ein bißchen gespielt und dort ein bißchen geplaudert ... In die Tiefe vorzustoßen, benötigt Geduld und Ausdauer. Je tiefer die Beziehung, desto exklusiver und – desto intimer.

Entgrenzung oder Grenzen ziehen?

Als intimste Beziehung wird noch immer die eheliche angesehen, der Energieaustausch zwischen Mann und Frau. Auch hier propagieren mediale Vor-Bilder immer mehr das „Power Play“ der Rasanz. Rasant wird genommen und abgegeben. Auf der Strecke bleibt das An- und Aufnehmen. Genau das aber ist Kriterium der Verschmelzung, der "Entgrenzung": vom Kontakt zur Beziehung, von der Beziehung zur Intimität, von der Intimität zur Sexualität. Wird nur ein Stadium dieser schrittweisen Aufgabe von Grenzen ausgelassen, kippt diese Beschleunigung zur Gewalt. Dem "Schnellen" mag es schon gut gehen. Er ist seine "Ungeduld des Leibes" los. Der langsamere Teil wird "überrascht", überrumpelt oder vergewaltigt. So wird nur der Zeitdruck der Arbeitswelt unreflektiert weitergegeben: am falschen Ort zur falschen Zeit der falsche Rhythmus.

Ist das wirklich das Ziel? Die Bereitschaft, die eigenen Ressourcen – Wünsche, Gefühle, Empfindungen, Ahnungen – zu erkunden? Und der bestmögliche Standard?

KANN FAMILIE HEUTE NOCH GELINGEN?

Jede dritte Ehe endet vor dem Scheidungsrichter, in den Großstädten sogar bereits jede zweite. Übrig bleiben Kinder, die Spannungen, Streit, Drohung, Gewalt, Verlassen und Verlassenwerden vorgelebt bekommen. Und Eltern, für die das oft schon Routine ist, Alltäglichkeit. „Ganz normal".

In den Medien erleben wir dazu noch, wie jemand seine Familie niederschießt, mit dem Messer ermordet, wie Mütter ihre Kinder aus Fenstern schmeißen oder vergiften. Wir lesen und hören von sexuellen Gewalttaten an Kindern, Vergewaltigungen von Ehefrauen, Prügel und anderen Mißhandlungen, Vernachlässigungen, Zwang zu Prostitution, zu Drogenmißbrauch, zu Straftaten. Wir lesen davon und sehen all das gleichsam als Vor-Bild zusätzlich im Fernsehen. Wir erfahren Zahlen – Opferstatistiken, Hochrechnungen, Dunkelfeldschätzungen. Und irgendeinmal fragen wir uns, in welcher Welt leben wir eigentlich? Leben wir im zivilisierten Westeuropa oder im Dschungel der Urzeit? Oder fehlt uns einfach die Realitätssicht, leben wir in einer illusionären Traumwelt?

Sehnsucht „Harmonie"

Das Wort Familie löst bei uns allen unterschiedliche geistige Bilder aus – Bilderbuchidyllen oder Horrorvisionen, je nachdem, welche biographischen Erfahrungen wir gemacht haben und je nachdem, welche Sehnsüchte wir uns bewahrt haben.

Meine berufliche Erfahrung aus der Supervision von BewährungshelferInnen ist, daß selbst Haftentlassene mit Schwerverbrecherkarrieren Träume von beruflicher Stabilität samt Aufstieg, Familienharmonie und wohlgeratenem Nachwuchs für schnell erreichbare realistische Ziele halten. Carl ROGERS, der Begründer der klientenzentrierten Gesprächspsychotherapie, hätte darin wohl sein Vertrauen an das Gute im Menschen bestätigt gefunden, das – so sein Gleichnis – wie die Triebe der Erdäpfel im tiefsten Keller dem Licht zuwachse.

Unsere Triebe wachsen leider oft in eine andere Richtung. Wir suchen zwar vielfach den Strahlenglanz, aber nicht in den Augen der Menschen, die wir lieben, sondern im Spiegel des Erfolges bei den Menschen, deren Bewunderung wir suchen. In den 50er und 60er Jahren waren es oft die Gleichaltrigen, denen man damit imponieren wollte, daß man „schon hatte". Meist folgte darauf, daß man „mußte" – heiraten nämlich, weil sich ungeplanter Nachwuchs ankündigte. Manch eine plante aber auch ungeplanten Nachwuchs, um einem gewalttätigen Elternhaus zu entkommen, sozial wesentlich höherstehende Männer an sich zu binden oder auch nur nicht lernen oder arbeiten zu müssen. Vermehrung galt als Unvermeidlichkeit.

Heutzutage könnten Muß-Ehen der Vergangenheit angehören. Die gesellschaftliche Rollenverteilung in außerhäuslich erwerbstätige Männer und im Haus(halt) (be)dienenende Frauen machte vormals Sinn: im vorigen Jahrhundert gab es nur für Gouvernanten oder Nonnen die Möglichkeit, in einem anderen Haushalt als dem der Eltern oder des Gatten zu leben, und im Dritten Reich hatten Frauen vor allem dem Führer Kinder zu schenken – eines an der Hand, eines auf dem Arm, eines im Kinderwagen und eines unter dem Herzen. Heute hätten Männer und Frauen genug Information – sowie zumindest Informationsmöglichkeit –, um ihr Leben frei von Unwissenheit, unausweichlichen Gesundheitsschädigungen, Fortpflanzungsängsten und unterstützt von vielfachen Beratungseinrichtungen und ökonomischen Hilfsangeboten zu gestalten. Sie hätten Zeit, einander zu lieben. Sie hätten auch Zeit, gemeinsam Liebe an Kinder weiterzugeben. Sie müßten nur aufhören, dem vermeintlichen Glück nachzurennen, das von den Plakatwänden, der Filmleinwand und der Mattscheibe glänzt. Es sind die Gier und ihre Schwester Überdruß, die zum schnellen Konsum verleiten – von Sachen wie von Menschen.

Serielle Monogamie

Nicht der Mensch – der Mann, die Frau, das Kind – wird erforscht und in seiner Einzigartigekit „erkannt", sondern seine, ihre Funktionstüchtigkeit wird „getestet". „Bringt er's/sie's?" Wenn er oder sie „es nicht bringt“, werden sie zum Service geschickt – in Beratung oder Therapie – oder gegen ein „Neumodell“ ausgetauscht. Serielle Monogamie heißt das dann.

Oder der Zorn schlägt zu. „Warum „krieg“ ich nicht, was ich will?“ Geiz wird unterstellt und angeklagt, selbst aber nichts gegeben. Dabei ist ja die Aufgabe der Paar- wie der Familienbildung, aus und durch „Teilen“ ein Ganzes zu formen. Zum Teilen gehört aber auch das Mit-teilen. Stattdessen wird „ordentlich ausge-teilt“. Es sprechen nicht die Lippen, sondern die Fäuste.

Problem „Größe“

Die Gefahr jedes Zusammenlebens von Menschen liegt darin, daß Neidgefühle, Angst vor Unterlegenheit und Hilflosigkeit dazu führen, daß einer versucht, den anderen kleinzumachen, um sich danach groß fühlen zu können. Der Stolz des Siegens macht vergessen, daß gleichzeitig dem anderen eine Niederlage zugefügt wird. Deswegen auch sollten wir zum Weihnachtsfest kein Kriegsspielzeug schenken und auch keine Spiele, die darauf basieren, daß andere verlieren müssen.

Ganz im Gegenteil: Kinder erleben ununterbrochen, wofür sie noch zu klein, zu schwach, zu ungeschickt sind. Was sie brauchen, ist nicht der Triumph der Größeren, Stärkeren, Wissenderen, sondern Anleitung und Beistand dabei, Größe, Stärke und Wissen zu erwerben. Und das brauchen nicht nur Kinder, sondern wir alle – Männer wie Frauen.

Chance oder Kampf

Je näher wir einander stehen, desto mehr werden Größenunterschiede sichtbar, und ob wir diese als Chance und Verpflichtung zur Er-gänz-ung nutzen wollen oder als Anstoß zur Herausforderung und zum Kampf, entscheiden wir. Nähe bedeutet immer auch Gefahr, einander im Wege zu stehen, einander zu behindern. Gerade deswegen ist es wichtig, sich bewußt zu ein-igen, wie wir Raum und auch Zeit miteinander teilen wollen.

Familie kann gelingen. Auch in der räumlichen und zeitlichen Nähe von arbeits- und schulfreien Tagen. Wir müssen nur achten, daß wir einander nicht „zu nahe treten". Und: wir müssen unsere Nähe- und Distanzwünsche ausdrücken und respektieren.

FAMILIENBANDE

Aggression kann durch unterschiedliche Berufsbrillen begutachtet werden; ich selbst bin ja von meinem Ursprungsberuf Juristin und habe über den Umweg von Familienberatung und Erwachsenenbildung – die Ausbildung habe ich an der Pädagogischen Akademie Wien absolviert – meinen Zugang zum Beruf der Psychotherapeutin gefunden. Ich mußte also im Laufe meines Berufslebens drei unterschiedliche Sichtweisen erlernen. Daher ist mir folgende Paradigmenfrage äußerst wichtig: aus welchem Fach-Blickwinkel beurteilen wir Aggression?

Üblicherweise retten wir uns in eine psychiatrische oder strafrechtliche Definition von Aggression, wenn wir diese "Akte, die einer anderen Person, einem Tier oder einem unbelebten Objekt Schaden tun oder zu tun beabsichtigen" (Erich FROMM) erklären, hintanhalten oder beantworten wollen. Gesamtgesellschaftlich neigen wir zur Ausgrenzung in Anstalten – totalen Institutionen im Sinne von Erving GOFFMAN – oder begleitender Kontrolle (ambulante Therapie oder Bewährungshilfe), familiär üben wir genau die gleichen Verhaltensmodelle: wir zwingen dem "Störenfried" eine "Behandlung" auf oder wir strafen.

Zur Paradigmenfrage schrieb ich in "Schuld und Unschuld": *"Je nachdem, welcher Berufszweig sich zur Erklärung und Behandlung der "Missetäter" zuständig erklärte, zeigten sich unterschiedliche Sichtweisen: Ärzte suchten und fanden Krankheiten, Juristen begnügten sich mit Paragraphen und der Berufung auf übergeordnete Autoritäten (Gott, Kaiser, Führer ... aber auch Philosophen und andere "Opinion Leaders": das "gesunde Volksempfinden", präsentiert durch Propagandaminister oder einen Zeitungstycoon!), Pädagogen widmeten sich je nach Färbung der "Schwarzen Pädagogik" – Ruf nach Zucht und Ordnung – oder der "rosaroten" – Ruf nach Zuwendung und Modellen zur Einübung erwünschter Verhaltensweisen – oder der "weißen", die weitgehend ideologiefrei nur nach Forschungsgeldern ruft.*

Psychoanalytiker zogen ihre Schlüsse aus frühkindlichen Prägungen, Marxisten aus sozialökonomischen Rahmenbedingungen. Allein

Sozialarbeiter bemühen sich seit eh und je, die konkreten Lebensbedingungen im Hier und Jetzt zu verbessern.

Uns alle verbindet wohl das Bedürfnis, eine Erklärung im Sinne von Ursache und Wirkung zur eigenen und gesellschaftlichen Nervenberuhigung zur Verfügung zu haben."

Aggression definieren wir in jedem Fall als etwas, das friedliches Zusammenleben stört, egal ob es interpersonell oder intrapersonal in Erscheinung tritt.

Illusion Familienfriede

Demgegenüber gilt Familie als Hort des Friedens – auch als Ort der Be-fried-igung – als Schutzraum; die "kleinste Zelle des Staates" läßt bei uns Phantasien auftauchen, solche, die in unserer biographischen Vergangenheit, also in der Realität begründet sind, und solche, die uns von Werbung und anderer Propaganda suggeriert werden, "wenn der Teekessel singt ...", wo man(n), wenn man müde heimkommt, Ruhe und Geborgenheit findet, bei einer – natürlich – immer freundlichen, immer ausgeruhten, dank Rexona nie schwitzenden, dank Philishave unbehaarten, dank Biovital immer funktionierenden Frau und Mutter, mit einem Vater, der fürsorglich und gewaltfrei – und mit allen Spar- und Versicherungsmöglichkeiten, die es gibt – dafür sorgt, daß seinen Lieben nichts abgeht, und Kindern, die einem keine anderen Sorgen machen, als daß sie Gelegenheit geben, die Ultraweißwaschkraft stets aufs Neue zu erproben – und Großeltern, die stetig babysitten, Packerlsuppen einflößen und allenfalls noch die Haftkraft ihrer Dritten Zähne steigern.

Die Alltagswirklichkeit sieht anders aus, fast jede zweite Ehe wird schon geschieden, Mißhandlung und Gewalt sind immer häufiger auf der Tages- und Nachtordnung, Kinder laufen von zu Hause weg oder flüchten mit Drogen oder noch konsequenterem selbstschädigenden Verhalten aus der Realität, und viele Älteste vegetieren in Asylen vor sich hin. Familienbande als Herzensbindung ist eher Illusion, bestenfalls Wunsch und Ziel.

Dennoch wird hartnäckig daran festgehalten, daß es "normal" wäre, ohne viel Zutun in der Familie glücklich zu sein, alle gleich, Vater, Mutter, Kinder, Großeltern ... alle leben "glücklich und zufrieden, und wenn sie nicht gestorben sind, so leben sie noch heute". Versagen ist nicht vorgesehen.

Die Realität ist, daß gerade in der Familie jedes konflikthafte Geschehen besonders deutlich zum Ausdruck kommt, soferne man bewußt und ehrlich ist und nicht verleugnet.

Aber genau das passiert: viele Familien versuchen nach außen diese "Fassade des Glücks" aufrechtzuerhalten, weil sie es nicht aushalten können – und ich meine, daß das durchaus verständlich ist – kritisiert zu werden oder zu erleben, daß sie keinerlei Unterstützung erhalten.

In früheren Zeiten war das anders.

Illusion Versorgungsglück

Mein Thema lautet "Psychosoziale Aspekte der Aggression von Familienangehörigen", daher lege ich jetzt mein Augenmerk auf Sozialbedingungen und ihren Wandel im historischen Kontext sowie ihre Auswirkungen auf die individuelle – und auch die kollektive Seele.

Vorerst sollten wir uns klarmachen, daß jede Zeit, jede Region, jede Religion ihre Mythen, ihre Ziele, ihre Spielregeln hat – und daß sich diese Spielregeln in unserer Kultur in den letzten hundert Jahren beängstigend oft geändert haben.

Im vorigen Jahrhundert hatten wir im Großteil der Bevölkerung große Abhängigkeit voneinander. Man brauchte einander. Wer hätte Mann und Kindern die Socken gestrickt? Wer die Marmelade eingekocht? Wer die Wäsche gewaschen?

Heute sind diese Reproduktionsarbeiten durch maschinelle Fabrikation – von Gewandherstellung bis Vorratshaltung an Lebensmitteln – industrialisiert oder von Haushaltsmaschinen roboterisiert. Diese Reproduktionsarbeiten sind überall käuflich erwerbbar, man(n) muß einerseits nicht mehr heiraten, um in ihren Genuß zu kommen und frau muß sie nicht mehr erbringen, um geheiratet zu werden. Sie kann selbst genug Geld verdienen, um sie sich – nach dem Prinzip "Make oder buy?" – "leisten" zu können.

Ansprüche aus der und an die Sozialversicherung ersetzen die (rechtlich oder moralisch abgesicherte) Forderung an jüngere, gesündere Familienangehörige, im Alters- oder Krankheitsfall zu pflegen oder die Existenz zu sichern.

Glückserwartungen betreffen also nicht mehr nur – aber schon auch – die liebevolle Versorgung mit materiellen Gütern und Leibesgenüssen, sondern haben sich auf den emotionalen Bereich verlagert. Neben die physische Reproduktion der Arbeitskraft ist der Anspruch auf emotionale Reproduktion getreten: wer aus der außerhäuslichen in die heimelige Welt kommt, möchte sich davon aus-reden, was ihn oder sie bewegt hat und möchte auch verstanden und akzeptiert werden.

Die Familie als ständig verfügbare, kostenlose Supervisionsgruppe. Welche Überforderung!

Gleichzeitig haben wir durch eine intensive Werbung, durch eine Medienindustrie Vorgaben, wie man zu leben hat, was "In" ist, und das ist eine Anfüllung des Lebens mit Freizeitpflichten und Konsumpflichten – da gehört wiederum das Fernsehen dazu – und so können wir feststellen, daß wir uns mit der Frage, was wir von unserer realen Familie erwarten – und überhaupt erwarten können – kaum mehr beschäftigen.

Wir haben zwar "Vorbilder" – aber die stammen aus den Flimmerkisten, nicht mehr aus unserer realen Erfahrung und schon gar nicht aus der Überlegung, was wir vielleicht besser machen können als unsere Eltern, um einander vielleicht näher zu kommen und auch besser zu verstehen und das zu bekommen, was wir wünschen und was wir brauchen.

Illusion Beistand

Gesundheit ist nach der Definition der Weltgesundheitsorganisation nicht nur körperliches und psychisches Wohlergehen, sondern auch soziales. Soziales Wohlbefinden wird gerne interpretiert als Licht und Luft in der Wohnung und wieviel Raum der/die Einzelne hat – aber es hat auch etwas mit Beziehungen zu tun.

Beziehungen können gesundheitsfördernd sein, sie können aber auch gesundheitsschädigend sein. Darin besteht ja auch eines der Geheimnisse der Wirksamkeit von Psychotherapie – daß jemand durch Worte oder Beziehungen geschädigt wurde, durch Worte – Stimmschwingungen – oder die "therapeutische Beziehung" gleichsam homöopathisch auch geheilt werden kann.

Wir alle wissen aus Beobachtung wie auch aus eigenem Erleben – aus "Selbsterfahrung" –, daß eine Beziehung, in der sich einer über den anderen "überhebt", wo Macht demonstriert, wo Macht mißbraucht wird, gesundheitsschädigend ist. Genau solche sehen wir aber in den "Vor-Bildern" der Medien – und identifizieren uns gerne mit den Tätern, weil wir es nicht aushalten, mit den Opfern mitzufühlen – und genau das spielt sich auch in den Familien ab: als Zwang, sich durchzusetzen, auch als Zwang, das jeweilige Vorbild von Harmonie – einer Harmonie, die vor allem den Stärkeren, dem Stärksten nützt – herzustellen.

Nun wird aber heute Familie nicht mehr als eine konzentrierte Gruppe von Menschen, die einander bei der Bewältigung schwieriger Lebensumstände beisteht und bei Problemlösungen helfen kann, definiert, sondern eher als eine Kosumgemeinschaft, die Funktionieren, d. h. emotionale und soziale Potenz, auch finanzielle Potenz, demonstriert. Daß das nicht die Realität der breiten Masse darstellt, sollten wir wissen. Es sind einige Privilegierte, die vielleicht diesem äußerlichen Bild entsprechen.

Wir sind also mit Erwartungen in der Familie – und ebenso an die Familie – konfrontiert: Erwartungen, was ihre Funktionstüchtigkeit betrifft und auch eine Erwartung, was ihren Umgangsstil miteinander betrifft. Dazu gibt es dann auch juristisch Rechte und Pflichten. Und es gibt zusätzliche spezifische Erwartungen für Sondersituationen.

So haben gerade wir unsere – professionellen – Erwartungen an die Familie, wenn wir mit "Patienten" und ihren Angehörigen zu tun haben. Wir haben unsere geistigen Bilder – auch wenn sie uns nicht bewußt sind –, wie der Umgang miteinander sein soll: der Umgang der Familie mit dem "identifizierten Patienten" – der selbst hat ja meist "Narrenfreiheit" – aber auch unser Umgang mit ihm, mit der Familie, und untereinander als Angehörige der verschiedenen "helfenden Berufe" – und wir sollten uns fragen, wie gesundheitsfördernd oder – schädigend dieser unser Umgang miteinander ist. Wer sich da offen oder geheim über wen "überhebt".

"Überheblichkeit", sich selbst größer machen, ist eine Form von Aggression. Sie gehört zum klassischen Imponiergehabe, wie wir es im Tierreich beobachten können – aber auch in allen Formen menschlichen Zusammenlebens, in der Familie ebenso wie in der Hierarchie z. B. eines Krankenhauses.

Hinter jeder Person, nicht nur der, die uns als "identifizierter Patient" entgegentritt, befindet sich ein biographischer Hintergrund von sozialen Vernetzungen – Freunden oder Feinden – und dieser Hintergrund kann Hilfe bedeuten, er kann aber auch Störung bedeuten – für den Patienten ebenso wie für uns Professionals, nämlich dann, wenn wir durch unsere Erwartungen fixiert sind, wie die Familie "zu reagieren hat" und nicht darauf hinhören, welche Botschaften uns unsere Patienten – aber auch ihre Angehörigen, aber auch unsere KollegInnen, egal welcher Profession – geben, wie sie die Familien-Bande erleben.

Familie möchte ich weit definieren. Wir sind heute zwar kaum mehr in der Situation, Großfamilie mit ihren vielfältigen Verhaltensmustern zu erleben, sondern nur Kleinfamilie, in welcher der Zwang "Sei so wie ich!" viel größer ist. Demgegenüber beobachten wir andere Formen des Zusammenlebens, von täglich einfallenden Saufkumpanen bis zu wohlorganisierten Wohngemeinschaften mit wöchentlichen Teamsitzungen. Fast jedes Familiengebilde steht unter dem – äußeren, aber auch inneren – Zwang, es dürfe an diesem "Ort des Friedens" keine Aggressionen geben. Selbst unverbesserliche Gewalttäter versuchen mit ihrem unzulänglichen Verhaltensrepertoire Frieden herzustellen – oder was sie dafür halten.

Recht auf Aggression

Aggressionen sind meistens nicht bewußtseinsfähig. Ihr Entstehen, ihr Wachsen wird nicht wahrgenommen. Sie brechen – in Stimme, Mimik, Gestik, Taten "verkörpert" – scheinbar unvermittelt aus und werden im nachhinein dann abgestritten, verharmlost, gerechtfertigt.

Wir erleben also einen Konfliktbereich, in dem wir mit Abwehr, mit Verleugnung, Rationalisierung, Verkehrung ins Gegenteil und mit Verschweigen rechnen müssen – und wo wir unsere eigenen Aggressionen spüren, weil es ja relativ schwierig ist, auszuhalten, wenn das, was wir wahrnehmen und ansprechen wollen, nicht einmal in seiner Existenz zugegeben wird. Das bedeutet oft eine große Herausforderung an die eigene Geduld und Toleranz.

Denken wir noch einmal zurück in die Sozialgeschichte: traditionell gab es immer privilegierte Gruppen, die sehr wohl aggressiv sein durften: Adelige immer, aber auch Lehrherren; im Dritten Reich können wir sogar eine propagierte Struktur beobachten, in der Aggression sogar erwünscht war und gefördert wurde, nämlich gegen bestimmte Gruppen von Menschen.

Wir dürfen nicht vergessen, daß wir heute noch vielfach mit Mitmenschen konfrontiert sind, die in der NS-Zeit ihre Ideologisierung erlebt haben und daher noch immer dieses Gedankengut vertreten. Ich verweise in diesem Zusammenhang auf den Beitrag von Gertrud BAUMGARTNER über die Verfolgung sogenannter „asozialer" Frauen in der NS-Zeit in dem von mir editierten Essayband "Menschenjagd. Vom Recht auf Strafverfolgung".

Wir haben gerade deshalb in der heutigen Generationenfolge starke Brüche, was die Sichtweise des zwischenmenschlichen Umgangs betrifft. Wir erleben Menschen, die Partnerschaft als ethisches Ziel sehen, und demgegenüber andere Menschen, die Durchsetzen um jeden Preis als ihr ethisches Ziel sehen und sich aus ihrer Erziehung heraus auch im Recht fühlen.

Solche Polarisierungen sind vielfach die Wurzel unendlicher Geschichten von Aggressionen – besonders, wenn wir noch zusätzliche Sichtweisen einschließen wie etwa die von emanzipatorischen Bewegungen, beispielsweise feministischen oder die der "grey panther" (politische Selbsthilfegruppe von Senioren).

Früher oder später führen solche Aus-einander-setzungen zu einer "Sprachverwirrung" – ich schließe mich da FERENCZI an, in diesem Fall allerdings nicht "zwischen dem Erwachsenen und dem Kind", sondern zwischen dem Mächtigen und dem Ohnmächtigen – führen. Und solche Sprachverwirrungen sind nur zu oft neuerlicher Anstoß für weitere Aggressionen.

Man versteht einander nicht – und weil es vermeintlich zuviel Zeit kosten würde, sich um gegenseitiges Verständnis zu bemühen, versucht man, die Störung, die Störenden, "aus den Augen zu bekommen". Es liegt nahe, daß Ohnmächtige ihre Aggressionen an vermeintlich Stärkere wegdelegieren: "Erledigt Ihr das Problem für mich, ihr Polizei, ihr Gericht, ihr Psychiatrie", auch "Ihr Psychotherapeuten", "damit wir von denen nicht mehr gestört werden!" – damit störungsfreies Zusammenleben ermöglicht wird.

Hinter allen Aggressionen stehen unbefriedigte Bedürfnisse und hinter diesen wiederum innerseelische Triebabläufe. Menschen ohne Information glauben, wenn jemand aggressiv zu ihnen ist, sei das fehlender Wille zur Selbstbeherrschung (und nicht Unfähigkeit oder Triebdurchbruch); nur die eigenen Aggressionen sind natürlich absolut berechtigt und — soferne sie überhaupt wahrgenommen werden — nicht eine Frage des Willens, sondern eine Frage der Ehre oder sogar der Pflicht.

Ich möchte mein Augenmerk aber auch auf die verdeckten Formen der eigenen Aggression lenken: auf Schuldgefühle, schlechtes Gewissen, Mißtrauen, Scham, Drang zur Untreue, Todeswünsche – und auf Angst.

Diese verschiedenen Gefühlslagen, die verhindern, daß wir geduldig und interessiert daran sind, wie es dem anderen wirklich geht, werden ja auch durch unsere Gehirnstrommuster "verkörpert" — und vielfach benützen wir das als Ausrede, daß wir nicht Herren im Oberstübchen seien, sondern nur spüren — nicht inszenieren — könnten, was sich körperlich abspielt, und daher gar nicht die Sprache zu suchen und zu finden brauchen, jemand anderem zu sagen, *"Ich versteh dich nicht, aber ich möchte dich gerne verstehen – bitte erkläre Dich mir, auch wenn ich begriffstützig bin"*.

Scham statt Aggression

Und schon gar nicht brauchen wir uns um dieses Verstehen zu bemühen, wenn der oder die andere als psychiatrischer Patient identifiziert werden kann. Dann gewinnt man manchmal sogar noch Zuwendung und Mitgefühl. Ein Beispiel: eine Ehefrau schämt sich, weil ihr Mann seltsam gekleidet herumspaziert. Auch legt er Verhaltensweisen an den Tag, die in krassem Gegensatz zu den üblichen Vereinbarungen stehen, wie man sich zu verhalten hat. Aus dieser Scham heraus versucht sie, all das zu verheimlichen, erfindet Ausreden — nur: so hilft sie ihm nicht, denn sie nimmt ihn in seinem So-Sein nicht wahr und nicht ernst; sie nimmt etwas anderes wahr, etwa wie ihr Mann vor zwanzig Jahren war, ist irritiert über die Abweichung und will den alten Zustand bewahren oder wieder herstellen — aber so hilft sie auch sich selbst nicht, nämlich die Informationen zu bekommen, was wohl kausal für die Veränderungen gewesen sein könnte und was davon ihr Anteil, wie sie anders mit ihm umgehen könnte. Sie hilft auch der Umwelt nicht, zu verstehen, daß dieser Mann in einer Krisen-, vielleicht in einer Ausnahmesituation ist, und so kann diese Lage chronisch werden.

Im Versuch, Symptome als Ausdruck von "sich nicht wohl fühlen"/"sich nicht anpassen können"/"eine Botschaft geben wollen", zu interpretieren, kämen Angehörige im Bemühen, den "identifizierten Patienten" zu verstehen, zu zusätzlichen Informationen: zu unmittelbaren in direkter Kommunikation, aber auch mittelbaren in der Kommunikation mit den Helfersystemen, etwa den Verhaltensanweisungen des Systems Psychiatrie.

So erhalten Angehörige eine Chance, sich auszukennen und einen Zugang zu einem Helfersystem zu erhalten. Voraussetzung dazu ist allerdings, zu merken, wie man selbst reagiert – daß man sich nicht auskennt etwa.

Die übliche Reaktion läuft aber so ab (ich zitiere die oben erwähnte Ehefrau): zuerst kommt Wut hoch – "Jetzt macht mir der das schon wieder!" –, diese Wut ist nicht erlaubt und daher nicht bewußtseinsfähig, daher wird sie – unbewußt – zurückgehalten. Es folgen sodann Schuldgefühle – "weil ich Wut gehabt habe" –, Scham – "die anderen könnten vielleicht glauben, ich habe mich nicht ordentlich verhalten, indem ich nicht auf den Mann "geschaut" habe" –, Angst vor weiterer Kritik – und so weiter ... also ein Gefühlswirrwarr, das wohl kaum befähigt, die Hilfe zu beanspruchen – und zu bekommen, die gebraucht würde.

Wir sehen also, wie stark die phantasierten Reaktionen der Umwelt das Verhalten der Angehörigen beeinflussen, aber auch unseres, wenn uns dann so eine Angehörige, ein Angehöriger auf die Nerven geht, weil die Person unsere eigene Denkarbeit, unsere eigene Fühlarbeit (hinsichtlich des identifizierten Patienten) behindert. Dabei stehen wir auch hier einem leidenden Menschen gegenüber, mit Angst, der vielleicht aus lauter Angst kopflos herumläuft und nicht weiß, wohin.

Daher frage ich mich, wieweit es hilfreich ist, Appelle zur Mithilfe an Angehörige zu stellen, wieweit es nicht hilfreicher ist, den Angehörigen eine gleiche Möglichkeit zu bieten, Hilfe in Anspruch zu nehmen. Arbeit mit Angehörigen parallel zu der Arbeit mit den Personen, die als Patienten identifiziert werden oder beschrieben wurden.

Wenn Angehörige des Helfersystems Psychiatrie versuchen wollen, Menschen zu verstehen und im Zusammenleben eine Form zu finden, wie Familie einander unterstützen kann, dann sollten sie sich klar darüber sein, daß auch sie Erwartungen an das Funktionieren der Familie haben. Und welche Tabubereiche sie scheuen, anzusprechen – ich denke da vor allem auch an den sexuellen Bereich.

Aus-Druck

Aggressionen wohldosiert freizulassen wirkt – zumindest für den, der sie hat – gesundheitsfördernd.

So wie eine Köchin, ein Koch bei einem Topf, in dem es brodelt, der unter Druck steht, vorsichtig den Deckel abhebt oder ihn mittels eines Ventils vom Druck befreit, damit man später, zum richtigen Zeitpunkt zu Boden sehen kann, wenn man sich nicht mehr verbrüht.

Ich sehe als ersten Schritt jeder psychotherapeutischen Arbeit die Entängstigung und Beruhigung: des Patienten, der Angehörigen – unsere eigene.

Der erste Schritt für Professionals sollte demnach bedeuten: nicht blitzschnelle Blickdiagnose (und weg mit dem Patienten, weg mit den Angehörigen!), sondern in sich selbst nachspüren, welche Impulse, welche Phantasien (= Arbeitshypothesen) hochkommen, welche davon Sicherheit geben und welche als tabu empfunden werden.Unserer Körperenergien werden wir uns ja vor allem dann bewußt, wenn wir uns "aufladen", wenn wir "heiß laufen" und dann "unter Druck" stehen. Derartige "Hitze" kann als Aggression erlebt werden oder – nur – als Ausdruck unserer Sexualität. Unser Körper macht sich kampfbereit oder paarungsbereit – oder beides.

Vielfach entstehen Aggressionen in der Familie dadurch, daß die Sexualität des "identifizierten Patienten" kontrolliert oder unterbunden wird – aus Ekel, Angst oder auch nur, weil er oder sie so fremd geworden ist. Oder aber auch, weil traditionell den Menschen, die nicht erfolgreich im Erwerbsleben stehen, Sexualität abgesprochen oder untersagt wird: Kindern, Behinderten, Alten.

In der therapeutischen Phase der Entängstigung (vgl. R.A. PERNER, "Lust auf Leere. Ein WEG von der methodenintegrativen Sexualtherapie" und "Zeugin der Lüste. Lust und Frust der Rundfunksexualberatung") besteht die Möglichkeit, Angehörige so von Druck zu entlasten, daß sie fähig sind, "in Ruhe" die Situation, in der sie gerade sind, zu durchdenken und zu durchfühlen und auch ihre Gefühle zu äußern. Das braucht Zeit.

Diese Zeit steht meistens nicht zur Verfügung. In diesem Zusammenhang möchte ich Sigrid GROSSER widersprechen. Wenn sie schildert, wie sehr sie die personelle Situation ihrer Institution als verbesserungsbedürftig einschätzt, vermute ich, daß diese Situation wahrscheinlich besser ist als viele andere, in denen Kolleginnen und Kollegen zu arbeiten haben – und mein Zukunftsoptimismus will sofort ein wenig kleiner werden.

Ich meine, daß es ganz wichtig ist, zu versuchen, diese Zeitdimension zu dehnen – damit wir nicht aggressiv oder gar gewalttätig reagieren müssen – Gewalt hat immer etwas mit "zu schnell" zu tun – oder resignativ reagieren zu müssen, das hat etwas mit "viel zu langsam" zu tun: dann erstarren wir, stellen uns sozusagen tot, weil wir nicht wissen, wie wir reagieren sollen.

Üblicherweise spalten wir bestimmte, nicht bewußtseinsfähige Anteile ab. Und dann ist eben diese Person die einzige in der Familie, die blöd ist, z.B. verwirrt, oder die aggressiv ist, weil z. B. zerstörerisch, oder es ist die einzige Person, die hypochondrisch ist, weil sie Botschaften gibt "Mit geht es schlecht", oder es ist die einzige Person, die ihre sexuellen Bedürfnisse zugibt – und die anderen können sich als "normal", "funktionierend" zurücklehnen.

Außer sie werden in ihrer "Normalität" – in einer Weise, die sie auch akzeptieren und verarbeiten können – in Frage gestellt. Dazu brauchen sie wohl Hilfe, auch einmal Ängste, Aggressionen, Verzweiflung aussprechen zu dürfen. Sie brauchen dazu wiederum Zeit, damit sie die Wechselwirkung und ihre eigene Ähnlichkeit erkennen können. Vielleicht kann dann sogar ein Gleichgewicht hergestellt werden – sobald nämlich auf die Polarität "normal" zu "nicht normal" verzichtet wird.

Trauerkompetenzen

Auf Polaritäten zu verzichten bedeutet zumeist auch, auf Überlegenheit zu verzichten, auf unsere Allmachtsansprüche an die Zukunft – etwa darauf, wie unsere Familienangehörigen sein sollen. Sie sind so, wie sie sind – nicht, wie wir wollen.

Wir müssen uns wohl alle von unseren geistigen Zukunftsbildern verabschieden – ein klassischer Fall für Trauerarbeit. Es braucht Trauerkompetenz, auszuhalten, daß eine Person, von der wir erwartet haben, daß sie eine bestimmte Entwicklung nimmt, eben diese Entwicklung nicht nimmt, nehmen kann, womöglich als nicht heilbar eingestuft wird. Trauern ist heutzutage nicht erwünscht. Es behindert die "Normalität", was wohl heißt: berufliche Leistungsfähigkeit. Daher wird die Fähigkeit zu trauern nicht gefördert und nicht gelehrt.

Die Angehörigen müssen ihre Illusionen über die Zukunft verabschieden, manchmal total, manchmal partiell, vielleicht können sie aber dadurch auch die – möglicherweise bisher vernachlässigten – Bereiche erkennen: wenn man auf der kognitiv-intellektuellen Ebene nicht kommunizieren kann, gelingt es zumeist auf der emotionalen. Das ist auch eine Entwicklungschance – und zwar für beide!

Oft braucht es auch dazu wieder Hilfe – jemand, der diese positiven Anteile zeigt, jemand, der erklärt, wie man Zugang finden kann. In der Schule lernen wir es nicht – schon gar nicht über die Medien, und leider besteht kaum Zeit, daß es die Fachleute lehren könnten – die Menschen, die im psychosozialen Bereich mit psychisch Kranken arbeiten.

Wo bleibt diese Form der Erwachsenenbildung – wie gehe ich um mit meinen eigenen Ängsten, aber auch mit den Ängsten der anderen Person, wie mit meinen eigenen Aggressionen, wie mit denen der anderen? Wo bleiben die nachvollziehbaren Modelle?

Sex als Medizin

Zumeist erfolgen doch nur moralische Appelle. Durch Moralappelle bekommt man aber nur wieder neue Schuldgefühle, weil man nicht so gut ist, wie man sein sollte, und Angst, daß das jemand merkt, und Wut auf alles, was als Ursache des Dilemmas angesehen wird.

Wieder ein Beispiel: da bittet ein an Morbus Parkinson, fortgeschrittenes Stadium, erkrankter Ehemann seine Frau, mit ihm zu schlafen, auch, weil es ihm nachher besser geht. Seine Frau lehnt ab, weil ihr vor ihm ekelt, vor der Pumpe; es widert sie an, daß er sie nicht mehr "gezielt" angreifen kann, daß er immer kindlicher, immer fordernder wird. Sein Arzt appelliert an sie, sie möge doch "liebe-voller" sein. Das verstärkt wiederum ihre Schuldgefühle – und ihre Aggressionen. Eine fast unlösbare Pattstellung.

Oder ein Mann, der aus einer Familie kommt, in der es eine ganze Reihe manischer Erkrankungen gibt, der aber selbst noch nicht so auffällig geworden ist, daß ihm jemand diese Diagnose zugeschrieben hätte; er will neuerdings ununterbrochen mit seiner Frau schlafen, verfolgt sie in brutal-aufdringlicher Weise, die sie als nicht mehr "normal" (brutal) beschreibt. Sie weiß nicht mehr, wie sie sich verhalten soll, wagt aber nicht, ihn zu bitten: "Gehen wir doch beide zum Facharzt und lassen wir abklären, wieso du dich so verändert hast!" Beim An-Denken dieser Möglichkeit überkommen sie sofort Schuldgefühle, Aggressionen gegen sich selbst und ihre vermeintliche Illoyalität. Lieber "verbeißt" sie ihre Hilflosigkeit.

Andere Angehörige werden in ihrer möglichen Hilfsbereitschaft dadurch blockiert, daß sie erschrecken, wenn sie wünschen, der "identifizierte Patient" – ein Elternteil, der Ehepartner, vielleicht das eigene Kind – wäre tot. Sie erkennen nicht, daß diese gedachte Aggression der leibseelischen Entlastung dient und somit ein – irgendwann in der

Zukunft wohl eintretender – Entspannungszustand herbeiphantasiert wird. Wer solche Wünsche bei sich entdeckt, drückt damit auch aus, daß er oder sie sich in einer Situation befindet, wo die Kräfte erschöpft sind und ein Ende ersehnt wird.

Solche Tiefpunkte sind normal. Sie zeigen an, wie dringend eine Erholungspause angebracht ist. In diesem Zusammenhang möchte ich bemängeln, daß bei der Pflegevorsorge nur die Entlastungsbedürftigkeit bei Notwendigkeit körperlicher Betreuungsleistungen berücksichtigt wurde, nicht aber an die Betreuung psychisch oder geistig Kranker gedacht wurde.

Erholung kann im Rückzug in eine geschützte Sphäre bestehen. Der Schlaf einer Nacht sollte wohl genügen, denken und sagen dann diejenigen, die noch nie erlebt haben, wie es ist, wenn etwa Demente alle Viertelstunden ins Schlafzimmer geistern und ihre Mammi suchen. Das hält auch die vitalste Betreuungsperson kaum eine Woche aus ohne Nervenzusammenbruch.

Erholung kann in Distanzierung bestehen, auch in kurz- oder längerfristiger Trennung. Sie kann aber auch in der Zufuhr zusätzlicher Energie bestehen.

Als solche kann die Aufnahme einer sexuellen Außenbeziehung verstanden werden. Sie macht es den betreuenden Gatten – seltener Elternteilen oder Kindern – oft überhaupt erst möglich, weiter in der Beziehung zu verbleiben, "sozial" treu zu sein, und die erforderliche Betreuungsarbeit zu erbringen. Aber auch hier treten vielfach Schuldgefühle auf, weil geistig an Vergangenem festgehalten wird, wo leibseelisch bereits eine Anpassungsleistung an Neues vollbracht wird.

Das traditionelle Treuegebot war ein umfassendes: es sicherte als Gebot sexueller Treue (primär für Frauen) die Legitimität der Nachkommenschaft in einer Zeit, die kaum über sichere Empfängnisverhütung verfügte, als Gebot sozialer Treue hingegen die Existenzsicherung und Pflege im Falle von Erwerbslosigkeit und Krankheit und war im übrigen durch kürzere Lebenserwartung (vor allem durch die Kindbettsterblichkeit der Frauen) gemildert. Heute haben hormonelle Antikonzeptiva und Sozialversicherung diese Treuevorschrift weitgehend sinnentleert; sakramentale Ehe oder echte, authentische "Beziehung" im Sinne der "gerichteten Aufmerksamkeit" (Wilhelm REICH) bedürfen hingegen keiner Vorschrift – Treue ergibt sich in ihr als selbstverständlich.

Grob skizziert, bietet eine asymmetrische Beziehung – eine, in der ein Teil desinteressiert bis wahrnehmungsunfähig ist, egal ob durch Affekte oder "nur" Substanzmißbrauch, Unreife oder Demenz – keinen Energieaustausch ohne Mißbrauch des unterlegenen Teiles (vgl. R.A. PERNER, "Seelenmord – Seelenfrieden"), auch wenn solche Beziehungen durchaus normal – im Sinne von alltäglich, wenn auch nicht normal – im Sinne von sozialer Gesundheit, sind.

Für eine pädagogische Psychiatrie

Immer wieder macht der Gedanke Angst, sich in das System psychiatrischer Hilfe zu begeben. Zu schnell taucht die Angst auf, als "nicht normal", als "irr" zu gelten. So sehr es selbstverständlich ist, bei körperlichen Dysfunktionen nachzuforschen, was da passiert sein und wie etwas verändert werden könnte, so wenig gilt ein Gleiches für den leibseelischen Bereich.

Formen zu finden, wie Angehörigen die komplexen Beeinflussungen der leibseelischen Gesundheit verständlich gemacht werden können, sehe ich ebenso als Aufgabe des Systems Psychiatrie, wie Zeit und Raum zu schaffen für ein Nachspüren, was Angehörigen ermöglicht, ihr eigenes Leben auch im Kontext zu der Person leben zu können, die in ihrem Wunsch, ihr eigenes Leben zu leben, stark behindert ist und damit wieder andere behindert. Angehörige sollen auf sich selbst schauen können und dürfen und nicht mitisoliert oder gar allein ausgegrenzt werden als diejenigen, denen die Verursachung der Störung zugeschrieben wird, wie es ja vielfach passiert, wenn es heißt "Naja, bei DER Mutter – kein Wunder!" oder "Naja, bei DEM Mann!".

"Das Tun des einen ist das Tun des anderen" wahrzunehmen, ist ja für uns alle recht gefährlich.

Wenn wir unsere Hoffnungen und Bemühungen auf Heilung – Beseitigung von "Störungen" – nicht ad absurdum führen wollen – nicht nur dort, wo es Junge betrifft, sondern auch dort, wo es schwieriger ist, weil die Leidenden nicht mehr den Vorteil der Jugend genießen, vielleicht schon vor ihrem Lebensende stehen – müssen wir alle, auch wir Professionals, unseren Anteil an diesen Wechselwirkungen erkennen und kontrollieren lernen – damit wir uns nicht selbst den Vorwurf machen müssen, daß wir Menschen entwürdigen, demütigen und damit in die Krankheit treiben.

ERZIEHUNG KANN GELINGEN

Wenn Mann und Frau ihre Sexualenergie mehr oder weniger gezielt zum Schöpfungsakt vereint haben, erhält die Dimension der Beziehungsarbeit eine neue Qualität: die Herausforderung,

* nicht um das Kind zu konkurrieren,
* das Kind nicht zu verwöhnen und nicht zu vernachlässigen,
* das Kind nicht zu beherrschen und nicht herrschen zu lassen,
* das Kind nicht klonen zu wollen und
* das Kind nicht zu verwirren,

sondern das Kind altersgemäß und ausreichend zu versorgen, vor Gefahren zu beschützen, ihm die Welt zu erklären und im übrigen eigene Erfahrungen machen zu lassen.

Leider sehen viele Eltern in ihren Kindern quasi ein „Heer" künftiger Vasallen, die zu niederen Diensten abkommandiert werden können. Spätestens in der Pubertät, wenn das Kindlein so groß geworden ist, daß es nicht mehr aufsehen muß, sondern aus gleicher Augenhöhe wahrnehmen kann, wie Vater und Mutter aus dieser Perspektive wirken, kommt meist die große Ent-täuschung. Auf beiden Seiten.

Eltern sind für ihre Kinder da – und wir alle für die nächste Generation – und nicht umgekehrt. Daß die Alten an die Jungen übergeben müssen und abtreten, entspricht dem großen Kreislauf der Natur, auch wenn viele hormonsubstituierte und kosmetochirurgisch aufgespritzte Oldies das gar nicht gerne wahrhaben wollen.

Jedes Alter hat seine Aufgaben, hat seine Lust und sein Leid. Letzteres können wir lindern, indem wir es „teilen" – gemeinsam leben.

RAUM UND ZEIT

Kinder wachsen im Schlaf. Aber gut schlafen kann man nur, wenn man sich sicher fühlt – eben geborgen.

Wieviel Geborgenheit haben Kinder heute?

Wenig, drängt sich der Gedanke auf, wenn wir Tageschronik oder Gerichtssaalberichterstattung verfolgen: Kindsweglegungen, Kindstötungen, Kindesmißhandlungen, Kindesmißbrauch, Kinderpornographie, Kinderprostitution ... und immer mehr Straftaten werden von Jugendlichen begangen, ja sogar schon von Kindern.

Wieviel und was für einen Raum ein Kind zu seiner Entfaltung vorfindet, hängt von Einstellung und Sensibilität seiner Eltern und aller sonstigen Bezugspersonen ab. Bezugspersonen sind für mich alle, die regelmäßig und gezielt mit dem Kind in – möglicherweise fördernde, möglicherweise aber auch schädigende – Beziehung treten.

Entfaltungsraum

Entfaltung braucht Raum, das können wir an Pflanzen beobachten. Wenn Raum genommen wird, geschieht Einengung. Die Folge sind vielfach Verkrüppelungen. Erinnern wir uns: es ist noch gar nicht so lange her, da wurden Säuglinge in Wickelpolstern festgezurrt, damit sie sich nur ja nicht viel bewegen konnten. Gerade Bewegung ist aber die Voraussetzung für Leben: alles, was lebt, zeigt Vibrationen, Frequenzen.

Kleine Kinder sind noch flexibel, weich, biegsam – beweglich eben. Sogar die Fontanellen sind noch offen und verknöchern erst im Laufe der ersten Lebensmonate.

Je älter wir werden, desto strukturierter, fester, starrer werden wir – und laufen damit auch Gefahr, halsstarrig, starrsinnig zu werden. Und wenn wir nicht mehr leben, tritt die Totenstarre ein.

Doch obwohl beobachtbar ist, daß Bewegung Voraussetzung jeder Annäherung ist – sei es in Beziehung, sei es zum Wissenserwerb, sei es zur Freisetzung von Kreativität – gibt es viele Menschen, die durch Bewegung, ja sogar schon Bewegungsfreiheit, so irritiert, verunsichert werden, daß sie sie sofort beenden wollen. Sie haben Angst vor dem Lebendigen, weil es Veränderung bedeutet – z. B. die Veränderung der Anpassung, die oft unkontrollierbar ist und vor allem: Gefühle auslöst.

Wenn ein kleines Kind "zappelt", drückt es dadurch entweder Protest aus – oder Lebensfreude. Viele Menschen reagieren auf diese "ungerichtete Motilität" (FREUD) mit Aggression: "Was fällt denn dem/der ein, sich so zu wehren? (Wo ich mich doch auch nicht wehre, wenn mir etwas unangenehm ist!)" oder: "Wieso fühlt der/die sich wohl? (Wo ich mich doch gar nicht wohl fühle!)"

Beim Säugling wird noch jedes Empfinden in Bewegung umgesetzt. Später werden Kinder darauf trainiert, Bewegung zu unterdrücken: "Halt dich zurück!" "Sitz gerade!" "Spiel nicht herum!" Lauter Befehle, die wiederum verhindern, daß das Kind nachdenken kann, nachfühlen, vielleicht sogar Alternativen erfinden: so wird Raum und Zeit genommen, nämlich Raum, die eigene Position in der Umwelt zu finden und die dazu nötigen Bewegungs- und damit auch Zeitabläufe zuzulassen.

Bewegungsraum

Jede Bewegung ist ein Verlassen der alten, der Vergangenheitsposition hin zu einer neuen in der Zukunft. Dazwischen liegt oft eine Art Niemandsland und Niemandszeit: der kurze Augenblick des "In der Luft Hängens" beim Schreiten, wenn Kontakt aufgegeben und noch nicht neugewonnen wurde. Für einen kurzen Augenblick sind wir dann einseitig haltlos bis wir wieder mit beiden Beinen fest verankert sind.

Genau diese Zwischenzeit, diesen Zwischenraum leben zu können, ist die Voraussetzung für emotionales und daher auch soziales Wachstum. Wer diese "Leere" vermeidet, bleibt in seiner Entwicklung stehen. Das Wesentlichste für jede Art von Lernen, besteht darin, die Neugier, das Interesse am Kommenden nicht zu verlieren. Das heißt, zu wagen, die Grenze vom Alten langsam und bewußt zu überschreiten, auch wenn es noch keine Idee, keine bildhafte Vorstellung vom Neuen gibt, auch wenn dieser Zukunftsschritt vielleicht Angst macht.

Viele Eltern werden wütend, wenn ihre Kinder vor diesem Mutschritt zögern. Sie kritisieren ihr Kind dann oft, geben ihm Schimpfnamen, drängen es gegen seinen Willen in ein – ungewolltes – Tun und nehmen ihm so Besonnenheit. Richtig wäre es, dieses Innehalten zu bestätigen: "Ja, Du hast recht, stelle Dich erst auf das Neue ein, überprüfe, ob Du es auch willst!"

Ruheraum

Gerade diese "Leerzeit" zum Fühlen ist es aber, die das Kind in seiner Selbstwahrnehmung, auch in seiner Selbstbehauptung, braucht, um sich gegen Einschränkungen seines Raumes, seiner Zeit wehren zu können.

Einschränkung des Raumes heißt, es kommt jemand zu nahe, verletzt die Grenzen der körperlichen Integrität; Einschränkung des Zeitflusses heißt, jemand agiert zu schnell – "vor der Zeit" habe ich das in "Ungeduld des Leibes" genannt – und ist damit gewalttätig. Körperliche Gewalt zeigt sich immer in einem beschleunigten Handeln: eine Ohrfeige kann man nur schnell geben – langsam wird ein Streicheln daraus.

Ebenso zeigt sich psychische Gewalt darin, daß für die gesendete "Information" eine andere, intensivere "Kommunikationsmelodie" gewählt wird: schneller, höher, lauter – befehlend, oder betont langsam, tiefer, leiser – drohend. Bei struktureller Gewalt werden einfach Informationen vorenthalten: zumindest die über die Veränderbarkeit von Rahmenbedingungen.

Wachstum geschieht langsam. Eltern oder andere Bezugspersonen, die ihre Aufgabe, Kinder zu fördern, ernst nehmen, sollten vor allem das leibseelischgeistige "Revier" der Kinder und ihre Abgrenzungssignale achten: vom Zappeln und Greinen, vom Wegstoßen und "Trotzen" bis zum klaren, deutlichen "Nein", damit sie nicht wehrlos erstarren müssen.

KINDERZENTRIERT: WOHNEN

"Wieso bekommen Kinder in den ersten sechs Lebensjahren wenig von Wohnkultur mit? Wohnen sie etwa nicht, oder wohnen sie ohne zu sehen, zu hören, zu fühlen oder zu riechen?" fragt mich ein Leserbriefschreiber. Und belehrt mich: "Sie bezeichnen das olfaktorische Wahrnehmungssystem als «wenig bedeutend für die planende Zunft». Doch wer kennt nicht den Geruch eines neuen Parkettbodens ...?" und so weter.

Nun, der baubetreuende Planer kennt diese Gerüche sicher. Und wenn er in seinem Beruf erfolgreich ist, so werden ihm die begleitenden Düfte ebenso psychisches Wohlbehagen vermitteln wie dem Kaufmann das immerwiederkehrende Klingeln der Registrierkasse, hat es doch Bedeutung: die Geschäfte gehen gut, das vermittelt Sicherheit – für ihn.

Es sind seine "Anker" — nicht die der Konsumenten. Die haben zumeist ganz andere Gefühlsauslöser. Etwa das gute Gefühl, sich nicht um Agenden kümmern zu müssen, von denen sie sich mangels Kompetenz überfordert fühlen würden ... und zu wissen, vertrauenswürdige Fachleute beauftragt zu haben. Oder die Freude, sich im Licht der Sonne eines – "ihres" – berühmten Planers sonnen zu können ...

"Der Wurm muß dem Fisch schmecken und nicht dem Angler" lautet ein Grundsatz für Öffentlichkeitsarbeit, Werbung und Marketing. Weitblickende Angler denken oft an den Wohlgeschmack des gefangenen, zubereiteten Fisches. Sie vergessen, daß der Fisch erst einmal zubeißen muß.

Genau diesen Fehler machen viele Eltern, die bei der Planung des Kinderbereiches davon ausgehen, was sie als kindgerecht empfinden. Wer mit Kindern arbeitet und besonders auf deren Bedürfnisse achtet, erlebt oft herbe Enttäuschungen – und zwar auf beiden Seiten: die Kinder wählen ihre Lieblingsaufenthaltsorte nicht nach deren Schönheit oder Zweckmäßigkeit, sondern nach der Nähe zur Bezugsperson. Blick-, Sprech- und Hörkontakt sind viel wichtiger als die Verfügung über ein eigenes Reich, auch wenn dort Elefanten von der Tapete oder Mickey Mouse von den Vorhängen lacht.

Entwicklungsphasen

Das hängt mit der psychosexuellen Entwicklung des Kindes zusammen. Und die spielt sich eben prägend in den ersten sechs Lebensjahren ab. Da stehen ganz andere Lernaufgaben im Vordergrund als später, in der Volksschulzeit, und danach, im weiterführenden Bildungsweg.

In der ersten, der oralen Entwicklungsphase, fühlt das Kind sich noch weitgehend eins mit der Mutter, nimmt primär – und lustvoll! – seine Nahrungsaufnahme wahr, kostet alles und versucht, sofern es ihm gelingt, das Erreichbare in den Mund zu führen. Es ist vordringlich damit beschäftigt, sein Überleben zu sichern, indem es beim ersten Gefahrensignal des Verhungerns losbrüllt.

In der zweiten, der analen Entwicklungsphase, lautet der Lernprozeß „Zupacken, Festhalten und Loslassen". Auch hier kümmert das Kind wenig, wie das Begreif-bare aussieht, wichtiger ist, ob es als Stütze brauchbar ist, ob man es festhalten – horten – und wie man verhindern kann, daß es einem weggenommen wird.

Erst in der dritten, der phallischen Phase, zwischen dem dritten und vierten Geburtstag beginnt das Kind sich für seine sichtbare Umwelt gezielt zu interessieren: das Kind entdeckt sich selbst und damit auch die Unterschiede zu anderen Menschen. In dieser Phase fällt ihm auf, daß es Männlein und Weiblein gibt und alles, was mit diesen Geschlechtsunterschieden zusammenhängt.

Wohnen kommt dabei nicht vor. Wohl aber der Besitz von Autos ...

Und auch in der vierten, der ödipalen Phase, die anschließend bis etwa zum Schuleintrittsalter währt, ist es dem Kind wichtiger, sich als Mammis oder Pappis künftiger Ehepartner zu profilieren als sich eigenen Wohnraum zu suchen. Nichts ist interessanter als das eheliche Schlafzimmer samt Doppelbett – aber nur, um den gleichgeschlechtlichen Elternteil daraus zu verdrängen.

Erst nach Bewältigung der ersten Anforderungen im Schulsystem – Stillsitzen, Mundhalten, Folgen – beginnen Kinder etwa in der dritten, vierten Klasse mit Gruppen- und Clanbildungen. Dann beginnt auch die erste gezielte Raum-nahme als "eigene" Revierbesetzung. Die Einrichtung folgt der jeweiligen Identifikation: was beim Vorschulkind bestenfalls Spielcharakter hat – Utensilien für ein Spiel akquirieren und nach Beendigung liegenlassen, daher die kreative Unordnung – wird nun Teil der ersten Identifikation.

Zeitgefühl

Kinder am Ende der Volksschulzeit sind nun in der Lage, Zeitgefühl zu entwickeln und damit auch Zukunft anzudenken. Vorher kann man sie nur auf Einhaltung von trainierten Zeitabfolgen "dressieren". Sie können denken: "Wie will ich sein?" und wählen als Identifikationsfiguren dominante Schulkollegen, Fernsehhelden, und wenn sie aus einer Familie stammen, wo sie ein gleichgeschlechtliches Vorbild haben, das liest, vielleicht sogar eine Romanfigur ...

Jetzt wird jedes Detail wichtig für die Integration ins erstarkende Selbst. Und: Kinder basteln am "Familienroman" – sie phantasieren, wie es wäre, wenn sie in eine andere Familie hineingeboren worden wären.

All das hängt mit der Gehirnentwicklung zusammen: vom Stammhirn- zum Großhirndenken. Nun mag es schon vorkommen, daß der eine oder andere Elternteil meint, bei seinem eigen Fleisch und Blut andere Verhaltensweisen wahrgenommen zu haben. Mag sein.

Ich beziehe mich bei diesen Aussagen nicht nur auf die psychoanalytische Fachliteratur, nicht nur auf empirisch erhobene Durchschnittsdaten, sondern auch auf meine eigene Forschungstätigkeit in der jahrelangen Arbeit mit Kindern und Jugendlichen im Verein Jugendzentren der Stadt Wien.

Will man Kindern schon früher also rund um den zehnten Geburtstag, "Kultur" – wie "hoch" oder "sub" diese auch immer sei – beibringen, bedarf es gezielter Erklärungen, Suggestionen und Anleitungen. Alles andere sind Zufallsphänomene, die von projizierenden Erwachsenen phantasiert werden.

KINDER HABEN WOHL ZU GERATEN

In den Klischees der Fernsehwerbung sind sie immer herzig – zum Herzen und zum Herzeigen: die lieben Kleinen.

Wenn sie nicht abgeholt werden, warten sie, zwar traurig, aber unauffällig, wenn sie Papa zu früh aufgeweckt haben, stapfen sie tapfer wieder ins Bettchen zurück, sogar gegen die Versuchung Prinzenrolle kämpfen sie ...

Selbst kampferprobte Eltern bekommen dann nasse Augen. Die Stimmung, die sich genau dann breit macht, ist die Sehnsucht nach einem Kind – nach "dem" Kind. Dem göttlichen Kind nämlich. Dem Kind, das frei – von Zwängen und Kümmernissen –, neugierig und erfinderisch, voll Kraft und Lebensfreude strahlt, das seine Gefühle noch unbeschwert ausdrücken kann und überhaupt die Schattenseiten des Kindseins nicht zu kennen scheint.

Vergessen sind dann die durchwachten Nächte mit stündlichem Essigpatscherlwickeln, nervende Einkaufsgänge mit allumfassenden Radarblicken, vergebliche Benimmappelle, Schulstress und Peergrouphorror, Aidsängste und die erfolglose Abwehr der wöchentlichen Raubritterzüge der eigenen Leibesfrucht zwecks Aufbesserung des allzeit zu knappen Taschengeldes. Die Sonne scheint.

Kinder müssen herzig sein

Die Sonne scheint für alle, die sich solche Kinder wünschen. Und wenn dann solch ein Sonnenscheinchen endlich in der Wiege liegt, erwarten nicht nur alle Verwandten und Bekannten, sondern vor allem auch die frischgebackene Mutter, daß nun eitel Wonne herrschen wird. Mitnichten.

Da all die ambivalenten Gefühle zwischen Zukunftsfreude und Überforderung, körperlicher Erschöpfung und Forderungen des Kindes wie des Kindesvaters kaum ausgesprochen werden dürfen, bleiben viele

Jungmütter in stummer Isolation. Postnatale Depression heißt das dann: warum freut sie sich nicht?

Meist wird die Hormonumstellung verantwortlich gemacht. Ich beklage hingegen mangelnde Unterstützung: noch immer geistert in unser aller Köpfen die Mutterschaftspropaganda des Dritten Reiches mit seiner Medienmaschinerie. Vorher waren Kinder mehr bei Hochadel und Großbauernschaft, später auch bei Großkapitalisten ersehnt – wenn es um künftige Thronfolgen und Landerwerbe ging, nicht aber bei anderen Berufsgruppen. Etliche von ihnen standen noch dazu unter Heiratsverboten. Nachkommenschaft bedeutete nur zu oft Lebensgefahr, Schande, Existenzverlust, Armut.

Diese Zeiten sind vorbei. Meinten wir. Bis plötzlich wieder eine Kindsweglegung, ein Kindsmord uns vor Augen führt: Kinder sind nicht allen ein Segen.

Einzelfälle, sagen wir dann. Und wir suchen die Ursachen in mangelnder Bildung von Vater und/oder Mutter, in finanziellen Krisensituationen, in Krankheiten, insbesondere der Alkoholkrankheit, in aktuellem paardynamischen Konfliktgeschehen. All das lenkt nämlich so erfolgreich ab von den alltäglichen Enttäuschungen des Elternseins, die uns alle betreffen, nicht nur die, die angeblich so ganz anders sind als wir.

Eltern müssen erfolgreich sein

Eltern müssen erfolgreich sein. Kinder haben wohl zu geraten. Kinder sind sozusagen das lebendige Zeugnis der Exzellenz ihrer Eltern. Wen wundert es dann noch, daß Eltern "mit aller Macht" versuchen, ihre Kinder dazu zu bringen, so zu sein, wie sie meinen, daß wohlgeratene Kinder sein sollten.

Oft zerbrechen Kinder an diesem Machteinsatz. Dann begreifen manche Eltern, daß Macht Ohnmacht bewirkt – manchmal im Bumerangeffekt.

Wir lernen am Vorbild, durch Übung und werden durch Lob motiviert, das Erworbene immer wieder zu repetieren. Das kann als hinlänglich bekannt angenommen werden.

Dennoch machen viele Eltern zwei grundlegende Denkfehler:

* Die einen wähnen, die einzigen zu sein – sein zu können – die die eigenen Kinder erziehen. "Du sollst keine anderen Götter haben neben mir". Sie wundern sich dann, "Von wem das Kind das wohl hat?" und vergessen die "geheimen Erzieher" und daß sie selbst mit großem Gelächter etwa Mundl Sackbauers Sprüche goutieren.

* Die anderen "predigen Wasser und trinken Wein": sie nörgeln an ihren Kindern herum ohne ihnen vorzuleben oder zumindest konkrete Anleitungen zu geben, was sie erwarten. Manche berufen sich dabei auf ihr eigenes "Recht", sich nicht an die Spielregeln halten zu müssen, deren Einhaltung sie von anderen verlangen.

Die Gegenwart erziehender Familienangehöriger oder professioneller PädagogInnen ist zunehmend der Allgegenwart rasch wechselnder Fernsehsendungen gewichen. Die gängigen Vorbilder entstammen heute den Flimmerkisten und führen dazu, daß für alle möglichen Alltags- und Nichtalltagssituationen Filme im bildhaften Gedächtnis eingespeichert sind, die im Bedarfsfall nur imitiert werden müssen.

Die Forschung mit Gewalttätern hat deutlich gemacht, daß sie alle ihr geistiges Drehbuch schrieben und befolgten. Sogar ihre Opfer suchten sie dementsprechend – gleichsam wie Regisseure die passende Hauptdarstellerin suchen. Wenn es dieser aber gelang, den Film zum Abreißen zu bringen, hatte sie eine realistische Chance, diesen Plan zu vereiteln.

Egal, ob es sich um eine Lehrerin handelt, die sich schützend vor eine Schülerin stellt oder einen Elternteil, der drohend auf einen Halbwüchsigen zuschreitet – wenn der geistige Film eine klare Handlungsanweisung bietet, wird diese höchstwahrscheinlich befolgt werden. Meist bieten sich viele "actions" an; meist gewalttätige. Dementsprechend fürchten sich viele Eltern vor ihren Kindern. "Les enfants terribles".

Wer enttäuscht wen?

War es vor hundert Jahren noch Elternstolz, gehorsame – "disziplinierte" – Kinder zu haben, die "das schöne Handi" gaben, knicksten und Diener (!) machten, die man sehen durfte, aber nicht hören und die dann auch des Führers willige Helfer wurden, so schwanken heute die Visionen: einerseits sollen Kinder sich erfolgreich durchsetzen können – aber bitte nicht gegenüber den Eltern!, andererseits sollen sie die Eltern beschützen vor deren Versagen in einer immer schneller werdenden Technikwelt von Datenträgern und Telekommunikation, aber den Eltern die Vormachtstellung lassen.

Aufgabe der Eltern ist es, ihren Kleinkindern die Welt zu erklären. Dabei sind sie mächtig, nicht nur groß in den Augen ihrer Kinder und "reich", sondern scheinbar allwissend. Kam die Enttäuschung über die Eltern traditionell erst dann, wenn Kinder gleich groß oder größer waren als ihre Erzeuger und diese aus gleicher Perspektive wahrnahmen, wie groß Vater oder Mutter wirklich war – nämlich gar nicht so überlegen, wie es aus der Froschperspektive gewirkt hatte –, so passiert diese unfreiwillige Enttarnung heute schon oft in der Volksschulzeit.

Schickte man früher die Burschen auf Wanderschaft und die Mädchen in den Dienst, um damit die hochsensible Konkurrenzphase zu entschärfen – zurück kamen die Kinder ja als "Erwachsene", die Zeit möglicher Rivalität wurde so überbrückt – so flüchten heute meist die Eltern aus der besetzten Wohnung in den Zweitwohnsitz oder in Neckermanns Urlauberparadies.

Das, was Jugendliche so dringend brauchen – Anerkennung und Gelegenheiten, die zu erwerben –, bleibt ihnen versagt: einerseits durch mangelnde Chancen am primären wie am sekundären Arbeitsmarkt, zu zeigen, was sie können, andererseits durch das Vermeidungsverhalten der Eltern, die sprachlichen Konfliktlösungen aus dem Weg gehen.

Beistand und Motivation

Erziehung kann aber gelingen: durch eine achtsame Beziehung, durch respektvolle Kommunikation, durch Beistand und Motivation.

Kinder brauchen Eltern, die sie wahrnehmen, die auf kleinste Signale liebevoll und behutsam reagieren, die soziale Phänomene erklären und nicht nur beweisen wollen, wie gescheit sie selber sind, die sich auch unangenehmen Fragen stellen und Kritik aushalten, die zu ihren Kindern stehen, auch wenn diese keinerlei Anlaß zum "Angeben" bieten, und die vor allem ihren Kindern Mut machen zum Leben – zum Leben in einer Welt, die immer vergifteter wird, nicht nur durch Umweltschmutz und den Reibungsabfall der Beschleunigung, sondern auch durch toxische Kommunikation.

KINDERLIEBE

Viele Menschen sind heute verunsichert: darf man mit seinem Kind noch in der Badewanne planschen? Soll man verbieten, wenn die Enkelin zum Opa ins Bett kriechen will? Darf der Sohn den Jugendleiter zu Hause besuchen, wenn ihn dieser einlädt?

Die Phantasien blühen. Die Ratlosigkeit auch. Manche haben Angst, ihr Nachwuchs könnte Opfer einer sexuellen Mißhandlung werden. Andere fürchten, ihnen könnte ungerechtfertigterweise solch ein Vorwurf gemacht werden. Beides kann passieren. Beides kann man nach bestem Gewissen zu verhüten suchen. Aber sichere Erkennungsmerkmale gibt es ebensowenig wie einen sicheren Nachweis – auch wenn manche übereifrige Psychologen solche erstellen wollen. Es gibt nur Verdachtsmomente:

* wenn sich ein kontaktfreudiges Kind plötzlich und unerklärlich zurückzieht, bestimmte Orte oder Personen scheut, bestimmte Handlungen nicht mehr machen oder geschehen lassen will – beispielsweise, sich auszuziehen,

* wenn ein eher zurückhaltendes Kind plötzlich "überdreht" Kontakte sucht, zudringlich, distanzlos wirkt, aggressiv ist,

* wenn ein Kind altersunübliches "sexualisiertes Verhalten" an den Tag legt – beispielsweise Fremden an die Geschlechtsteile faßt, andere Kinder sexuell belästigt,

* wenn ein Kind auffallende Schlafstörungen hat, einnäßt oder einkotet, auffallende Hautveränderungen im Genitalbereich bekommt – beispielsweise "Bikini-Ausschläge",

* wenn ein Kind "selbstschädigendes Verhalten" übt – sich die Haare ausreißt, sich selbst absichtlich anschlägt, verletzt, wegläuft,

* wenn ein Kind unerklärliche Ängste äußert – eigentlich kann jede

auffallende Ausdrucksveränderung Hinweis darauf sein, daß dem Kind etwas passiert ist, von der Drohung bis zur manifesten Gewalttat, egal, ob es sich um sexualisierte Gewalt handelt oder um die "ganz alltägliche", die auch gesetzlich verboten ist, oder um langandauernde "Folter".

Gewalt prägt

Gewalt schädigt. Immer. Allein durch die "Engramme" – Prägungsmuster im Gehirn –, die durch die Ausschüttung der Streßhormone verursacht werden. Aber Zornausbrüche kennt ein Kind recht bald von sich selbst: sie sind etwas, was es benennen kann, auch wenn es sie nur zu oft nicht versteht – beispielsweise wenn eine alkoholbelastete Bezugsperson "grundlos" ihre Aggressionen ausläßt.

Bei sexuellen Mißhandlungen versteht das Kind nicht, was ihm geschieht – es kennt nicht aus eigener leibseelischer Erfahrung, wie sich sexuelle Erregung anfühlt, daher reagiert es mit Furcht vor solch einer nicht einordenbaren "Aggression". Dort ist auch die Grenze der "normalen" Kinderliebe: wenn Erwachsene sexuelle Gefühle bekommen, was eben auch vorkommt – Kinder wirken eben oft erotisch – ist Distanz, Selbstkontrolle, Zurückhaltung fällig.

Wenn man bemerkt, daß das Verhalten einer anderen Person sexuell gefärbt ist, schlage ich vor, dies anzusprechen: "Ich erlebe Ihr Verhalten unangemessen vertraulich/zärtlich. Bitte halten Sie sich zurück!" Oder an das Kind gewandt: "Ich habe den Eindruck, Du magst das ... nicht – habe ich das richtig beobachtet?" Dann ist es wichtig, sich nicht durch Abstreiten einschüchtern zu lassen, sondern ruhig, aber bestimmt, bei seinen eigenen Wahrnehmungen zu bleiben. Moralisieren hilft nicht. Es helfen nur Grenzsetzungen und Öffentlichkeit. Ja, man kann sich irren. Dennoch hat man ein Recht, seine Sicht der Welt zu äußern. Wer keine Schuld hat, versucht auch nicht, andere klein zu machen, sondern erklärt sein Verhalten.

Im Zweifelsfall ist es immer richtig, mit einer Fachkraft seine Beobachtungen durchzusprechen: das kann jemand aus einem Gesundheits-, Sozial- oder Bildungsberuf sein; Es gibt auch besonders geschulte Kriminalbeamtinnen, mit denen man vertraulich klären kann, wie man sich hilfreich verhält und nicht unvorsichtig eine Lawine lostritt, die einen möglicherweise selbst verschüttet.

Mitgefühl lindert

Kindern gegenüber ist es besonders wichtig, kein großes Staatstheater zu inszenieren, sie nicht zu verhören oder suggestiv zu manipulieren – egal in welche Richtung. Kinder brauchen Geborgenheit, jemand, der ihnen glaubt – auch wenn ihnen oft die Sprache, sich exakt ausdrücken zu können, fehlt. Kinder brauchen Mitgefühl und den Beweis, daß die Welt und die Beziehungen heil bleiben, auch wenn ihnen etwas angetan wurde, wogegen sie sich nicht wehren konnten oder durften. Opfer sexueller Mißhandlungen werden vor allem die "braven" Kinder. Die Täterforschung hat deutlich gezeigt, daß Täter ihre Handlungen langfristig aufbauen und sich dafür genau die Kinder suchen, von denen wenig Widerstand zu erwarten ist.

"Schlimme", widerborstige, laute, schmutzige Kinder bleiben weitgehend unbehelligt. Sie entsprechen nicht dem Urtyp des "Göttlichen Kindes", das "heil macht" durch sein Zutrauen, seine Zuwendung und seine Bereitschaft, sich aufzuopfern. "Liebe", "gute" Kinder heißen die, die das tun, von dem sie spüren, daß es Erwachsene wollen. Und wer will nicht "gut" sein? Kinder, die nein sagen – sagen können – gelten ja leider als "böse". Das Augenmerk der Zukunft wird daher dieser besonderen Gewissensbildung zu widmen sein: welche Berührungen, Handlungen sind aus der Sicht des Kindes gut und welche böse? Erwachsene werden lernen müssen, die Grenzsetzungen der Kinder zu respektieren.

KEINER FRAGT, WAS DAS OPFER BRAUCHT

Wer sagt, er hätte verstanden,
wer sagt, er wüßte genau,
und handelt nicht,
– handelt nicht,
– handelt nicht,
hat nicht verstanden und weiß nicht genau.
Barbara STROMBERGER, "Wer sagt"

Erregung

Sich aufzuregen ist eines. Es befreit von Erregungsqualitäten und verpflichtet zu nichts. Standort beziehen ist etwas anderes. Es setzt in Beziehung. Es schafft Antwortspflicht.

Sich über "Kinderschänder" aufzuregen, nach Polizei, Justiz und Henker zu rufen entlastet von vergangenem Ignorieren, sei es aus Hilflosigkeit, Feigheit oder Unbetroffenheit. Man tut doch was – man hat sich zwar vorher nicht geregt, aber jetzt regt man sich – auf.

Zustimmung ist sicher. Wer würde es schon wagen, gegenzureden ...?

Mittwoch, Donnerstag vergangener Woche. Anrufe in meiner Praxis. Veröffentlichen Sie doch einmal, daß sich schon Zwölf-, Dreizehnjährige problemlos in Videotheken Pornovideos ausborgen, fordert eine Frau, selbst Mutter eines adoleszenten Knaben. Dann ein Mann: die Gerichtsstrafen sind viel zu gering, nur zwei Monate unbedingt für einen mißbrauchenden Onkel, und am Wohnort des Opfers dürfe er auch noch verbleiben, das sei doch ein Skandal! Hat denn unsere Richterschaft keinen Verstand? Dann wieder ein Mann, einer mit einer jungen Stimme. Er finde es nicht richtig, sagt er mit hörbarem Schlucken, daß ein Magazin – Artikel über das pornographische Geschäft mit Kindern bebildert sei – mit nackten Halbwüchsigen.

Er finde das scheinheilig, irgendwie "pseudo".

Beruhigung

Wenn das "bestgehütete Geheimnis" – die sexuelle Mißhandlung von Kindern, aber auch von Jugendlichen und Erwachsenen – aufgedeckt wird, folgt fast immer als Reaktion Unglauben, Verleugnung, Verharmlosung. In der Fachsprache der Psychoanalyse heißt das: die Erfahrung ist nicht bewußtseinsfähig. Sie wird – unbewußt – umgestaltet, damit der Empfänger der "Information" sie annehmen, aushalten kann.

Eine dieser Umformungen besteht darin, daß sexuelle Mißhandlungen in eine Rangordnung von Schweregraden gebracht werden: Berührungen der bekleideten Genitalregion gilt als leichte, der unbekleideten als mittelschwere, genitale Penetration als schwere Mißhandlung. Bewertungskriterien sind die Handlungen des Täters – nicht die Folgen bei den Opfern, außer sie sterben oder sind schwer körperverletzt. Die psychischen Traumen gelten als nicht relevant. Und daß noch anderes zerstört werden könnte als physische und "eventuell" psychische Unversehrtheit der mißhandelten Person, wird von Strafrechtsexperten – Frauen ausgeschlossen – nicht einmal angedacht.

Tatsächlich wird durch sexuelle Mißhandlung mehr kaputtgemacht als die leibseelische Integrität: das Vertrauen zu Erwachsenen und in die Zukunft, das Zeitgefühl, das Schamgefühl und damit die Fähigkeit, sich abzugrenzen und zu verteidigen, Selbst-Bewußtsein, Selbstvertrauen und damit die Menschenwürde und das Gewissen – die Fähigkeit, zwischen Gut und Böse zu unterscheiden.

Täter denken nicht an die realen Folgen ihres Tuns.

In ihrer Phantasie gibt es fast immer ein Happy End: sexuelle Handlungen an, mit oder durch Kinder wären ganz normal (weil sie das selbst einst durchlebt haben und ihnen das so eingeredet wurde), wären lustvoll (weil es ihnen Lust – Machtlust – bereitet), wären sexualpädagogisch sinnvoll (weil das manche pädophile oder sadistische "Sexualpädagogen" behauptet haben) und überhaupt einfach ein soziales

Phänomen wie andere auch (weil ja immer wieder davon – ausführlich, damit auch ausführungsanleitend – berichtet wird und weil Nachfrage und Geldverdienst nach und durch Darstellungen bestehen).

Jede Darstellung gibt Vorbild – für die Gewalttat ebenso wie für nachfolgende Einschüchterungen und Drohungen, Ausreden und Schutzbehauptungen, aber auch für weitere "Werbung", für Vermarktung, für Konsum von Darstellungen, damit wieder für Reproduktion und so weiter und so fort.

Einfühlung

Was fehlt, sind die Vorbilder für sozial erwünschtes Verhalten: für alle diejenigen, die sich irritiert fühlen, Verdacht hegen, protestieren wollen. Gebannt blickt die Gesellschaft" auf das Monster Täter, fragt aber nicht, was das Opfer braucht, nicht nur unmittelbar nach seiner Versehrung, sondern weiterhin. Denn bis die Wunden der Gewalt vernarben können, vergeht lange Zeit, oft die ganze Lebenszeit.

Und sie hinterfragt auch nicht ihre Rahmenbedingungen, mit denen sie ihre Toleranz von Gewalt tarnt: Konkurrenz zielt auf Ausschaltung des Anderen, Sieg bedeutet dessen Überwindung, Macht, mit anderen zu machen, was man will.

Wann endlich werden PolitikerInnen nicht nur verbal, nicht nur mit Geldspenden aktiv gegen Gewalt? Mein Konzept für eine umfassende Gewaltprävention liegt seit 1991 in einer Schublade des Unterrichtsministeriums, etliche PolitikerInnen wissen davon ...

RECHT AUF MISSTRAUEN

Vor wenigen Tagen saß ich mit zwei Kolleginnen an einem Tisch. Wir hatten ein Arbeitsgespräch zum Thema "Sexuelle Mißhandlung von Kindern". Ein Mann gesellte sich – ungebeten – dazu und versuchte sofort, das Thema kritisch zu dominieren. "Angeblich ist doch jede dritte Frau als Kind sexuell ausgebeutet worden!" wandte er sich aggressiv an mich, "Ich verstehe nicht, wo diese Frauen alle sein sollen!" und fordernd: "Wie ist es denn mit Euch?" "Ich habe keine derartigen Erfahrungen" sagte die eine. "Ich schon" die andere und "Ich auch" die Dritte. "Zufall!" konstatierte der Mann, ehe er verstummte.

In den letzten Wochen sind gehäuft Fälle sexueller Ausbeutung von Kindern und Jugendlichen publik geworden. Keine Überraschung für Professionals – wir wissen um die Häufigkeit. Wir wissen aber auch, wie extrem schwierig es ist, Verdacht, begründeten Verdacht, mit den strengen Forderungen rechtskundiger Beamter nach stichhaltigen Tatsachenbeweisen in Einklang zu bringen. Zu groß ist die Angst, der vermutete Täter könnte zum Opfer einer Verleumdung werden. Ein Umkehrschluß? Ist nicht die Behauptung, verleumdet zu werden, eines der beliebtesten Argumente gegen den Vorwurf unrechtmäßigen Verhaltens? Ganz aktuell zu beobachten an den Reaktionen der Parlamentarier, die durch Eva ROSSMANNS Buch "Unter Männern" als Sexisten geoutet wurden.

Schlummert in jedem Mann ein unbeherrschtes Untier, das seine Bedürfnisse nach Zärtlichkeit sofort mit Macht paaren muß, um sich nur ja nicht hilflos zu fühlen?

Oder gibt es auch "Nicht-Täter"?

Diese wären für mich Männer, die ihre eigenen Gefühle, Wünsche und Bedürfnisse erkennen und anerkennen und sowohl ihre eigenen wie die Grenzen anderer respektieren und verteidigen können.

Sie sind selten. Elite.

Gefahr von außen

Wir alle neigen zur vorschnellen Annahme, "Grenzverletzer" könne nur ein "Fremder" sein. Wir denken dabei an "äußere" Grenzen: Staat, Ort, Wohnung. Bei der Körpergrenze scheiden sich schon die Geister: der männliche Körper darf zwar von Narben – besonders solchen, die von "Heldentaten" zeugen – übersät sein, der Mann selbst aber kein Opfer; bei Frauen ist es genau umgekehrt. Der weibliche Körper hat nach jahrhundertealter Tradition "verfügbar" zu sein: zum Aufbürden von Lasten, für Schläge, für sexuelle Betätigungen, für Fortpflanzung, für Hormongaben, für Kosmetik, für verstümmelnde Operationen ...

An die Verletzung "innerer" Grenzen wird kaum gedacht. Dabei geht es nicht nur um psychische – die Verletzung von sozialem und damit auch sexuellem Wohlbefinden; nicht nur um geistige – das Vertrauen zu Menschen, von denen Behutsamkeit und Fürsorglichkeit erwartet wird; und um spirituelle – Respekt vor der Denkungsart. Es geht auch um innere sexuelle Grenzen – nämlich die der Frau; der Mann trägt sein Genital ja im Gegensatz sichtbar außen. Und versteht oft erst nach erlittener oraler Vergewaltigung, was es heißt, wenn innere Grenzen verletzt werden.

Es liegt nahe, sich über sexuelle Übergriffe auf Kinder zu empören, wenn es ein "Fremder" war. Er war es selten. Zumeist sind es die nahestehendsten Männer, Väter, Großväter, Stiefväter, Brüder.

Vieles, was als "Doktorspiel" verharmlost wird, ist relativ brutale sexuelle Gewalt an jüngeren Kindern. Und leider auch Mütter, die ihren Männern assistieren, aus Angst, aus Unfähigkeit, sich zu wehren oder nur, um Konflikte zu vermeiden. Oft auch aus barer Sprachlosigkeit.

Gefahr von innen

Eben weil so oft die Worte fehlen – den Kindern, den Beobachtern, auch den professionellen Helfern – Sexuelles auszusprechen, sind wir alle aufgefordert, am Abbau dieser Schweigemauer zu arbeiten: ansprechen, wenn wir Wahrnehmungen haben, die den Verdacht aufkommen lassen, ein Kind würde in seiner sexuellen Selbstbestimmung manipuliert, beeinträchtigt, gezwungen, gefoltert.

Wir haben ein Recht auf Mißtrauen. Es sollte immer ernst genommen werden. Ist es unberechtigt, wird dies die Geschichte beweisen. Wir brauchen Einrichtungen, die ermöglichen, Verdacht zu äußern und vermutete Täter zur Stellungnahme zu forcieren. Die Reaktion allein wird schon aufzeigen, ob es sich bei der Täterperson um jemand mit pathologischer Persönlichkeitsstruktur handelt, oder jemand, der zum Kind regrediert ist und von gleich zu gleich spielen will, oder um jemand, der Kontakt und Beziehung zu alterspassenden und daher möglicherweise widerborstigen Geschlechtspartner/Innen vermeidet, oder einen "Herrenmenschen", der nur Macht – in diesem Fall für seinen Lustgewinn – ausüben will oder einen Unaufgeklärten, der ohne zu denken den medialen Vor-Bildern der Sexindustrie nacheifert. Letztere sind leider in der Mehrzahl.

MIT 17 GIBT'S KEINE TRÄUME

Träumen heißt, geistige Bilder produzieren zu können. Erinnerungen, Visionen, aber auch passende Alternativen.

Wir lernen an Vor-Bildern, durch Übung und werden durch positive Verstärkung, sprich Lob, motiviert, wieder und wieder und wieder zu wiederholen. Auch unser Beziehungsverhalten erlernen wir so: wir ahmen Vorbilder nach. Die Eltern – soferne sie anwesend sind und uns etwas vor – machen und nicht nur etwas vormachen.

So wie Kinder sich abschauen, wie der Vater sich zur Mutter verhält und sie es duldet oder begehrt, und so wie sie ihn behandelt, lernen die jeweiligen Töchter oder Söhne, gehört es sich. Und wo das Vorbild fehlt, weil Beziehung nicht vorgelebt wird, gibt es überzahlreichen Ersatz aus den Flimmerkisten: so wie Gustav Gans zu Daisy Duck, James Bond zu seinen Girls, Schimanski zu seinen Puppen ... Jörg Haider zu Heide Schmidt. Aber die läßt sich nichts gefallen. Und bleibt trotzdem Dame und attraktive Frau und überdies Expertin zugleich. Und gibt Frauen ein neuartiges Vorbild.

Gehört es sich wirklich so, wie die Alltagsvorbilder laufen?

Ich habe in den letzten Jahren selbst etliche Unterrichtseinheiten mit Zehn- bis Vierzehnjährigen in Pflichtschulen, aber auch Supervisionen mit Lehrkräften abgehalten. Meine Erfahrung dabei hat mich überrascht: war ich der Vormeinung, die jungen Menschen wären nicht zuletzt aufgrund des nunmehr 25 Jahre alten "Sexualerziehungserlasses" hinreichend gut informiert, all das an Sexuellem zu verstehen und zu bewältigen, was in ihrer Lebenswirklichkeit auftauchen könnte, so zeigten mir ihre Fragen anderes als ich erwartete; ihr Informationsbedarf betraf weniger Aufklärung hinsichtlich Empfängnis- oder Krankheitsverhütung, wie mir immer wieder von meinen schulischen Auftraggebern angekündigt oder auferlegt worden war, sondern es ging ihnen um

* die Schwierigkeiten des Kennenlernens und Kontaktaufnehmens,
* die Abwehr des Spottes anderer, vor allem der Eltern oder Lehrer,

* die Erklärung abweichenden Sexualverhaltens ("Was ist ein Kinderverzahrer?" "Was ist ein Exhibitionist?" etc.) und
* die Abwehr von sexuellen Übergriffen, insbesondere von Lehrkräften.

Ich finde darin wenig Unterschied zu den Gesprächsthemen, die Übervierzehnjährige im Projektunterricht problematisieren: das Erleben unerwünschter obszöner Sprache, Gesten, Berührungen wird von Mädchen sehr wohl und auch bewußt als Gewalt erlebt und angesprochen; allerdings erleben sie kaum, daß ihre Proteste ernst genommen werden – weder von den Grenzüberschreitern, noch von ihren Eltern!

Beziehung üben

Jugendliche finden kaum die Zeit sowohl in ihrer Tagesgestaltung als auch in der ihrer Bezugspersonen, "Beziehung" zu üben: sich aufeinander beziehen führt vielfach zu "Zusammenstößen". Sich dann nicht beleidigt oder trotzig zurückzuziehen, sondern selbst – sicher die Gründe der Kollision zu klären, erfordert eine Ist-Stärke, die nicht einmal professionelle Helfer immer zusammenbringen!

Früher wählten Jugendliche aus der Fülle der möglichen Reaktionsweisen zumeist die Melancholie – ausgedrückt im Tagebuch, gelegentlich runtergespült im Suff, bewältigt bei schwerer körperlicher Betätigung. Heute wählen sie Randale, Vandalismus, Gewaltakte.

Laut der im März dieses Jahres veröffentlichten Studie des Ludwig Boltzmann-Instituts für angewandte Sportpsychologie ist es jungen Erwachsenen, speziell Männern zwischen 18 und 29, wichtiger, ihre persönlichen Freizeitinteressen zu pflegen als zu heiraten oder eine Familie zu gründen. Und: dieser Trend hat sich in den letzten zehn Jahren um fast 10 % (1985: 49 %, 1995: 58 %!) verstärkt.

Ich kann die Skepsis junger Menschen gegenüber den Hoffnungsträgern Große Liebe, Dauerbeziehung, Familienglück nur bestätigen. Aber: diese Skepsis richtet sich auch auf schnelle Sexualabenteuer, vor allem bei Gebildeteren. Spaß haben – ja, etwas gemeinsam unternehmen – später, viel später, einmal auch gemeinsam etwas aufbauen. Dieses "Später" wird immer öfter versäumt.

Wer vermutet, Jugendliche hätten nur mehr Sex im Sinn und nicht mehr Beziehung, Partnerschaft, Liebe, frönt einer höchstpersönlichen sexuellen Phantasie. Egal ob Vorarlberg, Steiermark oder Wien: Jugendliche investieren mehr in ihre Existenzsicherung als vor zehn Jahren; sie machen sich Sorgen und strengen sich an. Daß das zulasten der Lebenslust geht, zeigte schon FREUD im "Unbehagen in der Kultur". Wo ihre Anstrengungen nichts fruchten – und das liegt mehr an der immer ausbeuterischen Arbeitswelt als an den Jugendlichen! – neigen sie zur Flucht in die Irrealität: kultische Vereinigungen, Drogen aller Art, Betäubung durch Lärm, Bewegung und Geschwindigkeit. All das gibt es auch in sexualisierter Form.

Wer sich betäubt, kann nicht auf sich aufpassen und ist so leicht sexuell auszubeuten.

Vertrauen

Aufeinander aufpassen – was nicht ident ist mit kontrollieren, verbieten, auch wenn dies als "Schutz" beschönigt wird – heißt auch, sich füreinander verantwortlich fühlen. "Du bist zeitlebens für das verantwortlich, was du dir vertraut gemacht hast" sagt der Fuchs zu Antoine de SAINT-EXUPÉRYs Kleinem Prinzen.

Sich verantwortlich zu fühlen schafft eine Art von Abhängigkeit: der oder die Andere wird mitgedacht, mitberücksichtigt, mitgeplant. Das kostet Zeit. Und es macht alles ernsthafter, bedeutungsvoller. Es hat Schwere – Tiefgang.

Oberflächlichkeit erleben viele Jugendliche in ihrer Elterngeneration: alles und das immer schneller, lautet dort oft die Parole.

Die Folge ist Lustverlust. Und gerade dieses "Lustmangel-Syndrom" motiviert häufig die Paare, in Sexualtherapie zu gehen. Das kennen viele Jugendliche auch schon.

Begehren geht schnell. Lieben – Herz und Körper von selbst öffnen, nicht "aufreißen" – braucht Langsamkeit, Behutsamkeit. Wenn die Elterngeneration die Zeit aufbrächte, zu warten, bis die Nachkommenschaft von selbst ihre rauhen Schalen und Schreckmasken fallen läßt, könnte sie die darunterliegende Scheu entdecken. Aber die Eltern konkurrieren vielfach mit ihren Töchtern und Söhnen in Jugendlichkeit. Wen wundert´s also, daß die Vorbilder in "Reifung" fehlen?

BETRIFFT: SEXUALERZIEHUNG

Sexualerziehung – darunter hat man früher vor allem die Erziehung zum "richtigen" Gebrauch des "Sexualapparates" verstanden. Für eine Frau hat dies in erster Linie bedeutet, "züchtig" zu leben, nämlich sich der Aufzucht von Kindern und der Versorgung des Erzeugers zu widmen und für einen Mann: sozial nicht auffällig zu werden.

Später kamen noch Appelle dazu, unerwünschte Schwangerschaften zu vermeiden (auch wieder durch Zucht und Ordnung), und die eigene Gesundheit zu bewahren – also auf die Gefahr sexuell übertragbarer Krankheiten hinzuweisen.

Heute will moderne Sexualpädagogik jungen – aber auch älteren – Menschen Anleitung geben, mit ihren Triebimpulsen, Hormonschwankungen, den begleitenden Gefühlen, insbesondere Sehnsüchten, Wünschen und Ängsten vernünftig umzugehen. Aber auch mit dem Triebgeschehen und sexuellen Verhaltensweisen anderer Menschen; vor allem kleine Kinder sollen lernen, Gewalt, insbesondere sexuelle Gewalt, zu erkennen und sich davor zu schützen. Weiteres sollen sie lernen, eigenes Gewaltverhalten zu vermeiden.

Heute werden wir von "Aufklärung" überflutet, die informiert, wie der Körper "funktioniert" und was man mit ihm alles machen und erleben kann. Medizinisch, kosmetisch, sexuell.

Ganzheitliche Erfüllung

Beglückend ist eine Beziehung zu einem anderen Menschen aber nur dann, wenn sie eine ganzheitliche ist, bei der nicht nur der Körper befriedigt ist, sondern auch die Seele zufrieden und der Geist im Frieden.

Erfüllung finden: bei der Vermittlung dieser leibseelischen Komponente stehen wir als Erziehende oft ratlos da: man kann so etwas nicht vorschreiben oder verschreiben. Man kann es eigentlich nur durch das eigene Vorleben, durch Vorbildsein verständlich machen.

Insoferne heißt Sexualerziehung in erster Linie, seiner selbst als Lebensmodell bewußt zu sein. Nicht im Sinne von "Mach es so wie ich!", das wäre unterdrückend, "repressiv", denn so würde nicht respektiert, daß jeder Mensch selbst seine höchstpersönliche Sexualität erkennen muß, sondern indem man in aller Behutsamkeit anregt, darüber nachzudenken, wie man eigentlich fühlt, spürt, denkt, träumt – und wie man sich verhalten könnte, um sein Wünschen so in die Tat umzusetzen, daß man nicht über die Grenze der Normalität hinausstürmt.

Das eigene Modell finden

Über Körperempfindungen, Gefühle, Phantasien und Gedanken zu reden, hilft, die Wirklichkeit mit ihren Grenzen zu erkennen: eigene wie fremde. Eltern sind dabei die prädestinierten Ansprechpersonen und Begleiter; das heißt für sie, stets zu beobachten und zu überlegen: welche Informationen braucht mein Kind – wann? Wie? Mit welchem Ziel?

Nehmen wir beispielsweise die häufige Elternfrage: wann soll ich mein Kind "aufklären"? Also nach der ersten Menstruation, nach dem ersten Samenerguß ist es schon viel zu spät! Kinder sollen Informationen immer dann erhalten, wenn sie fragen, staunend schauen (oder verlegen wegschauen), wenn sie also mit "Informationen" (z.B. dem Verhalten einer Person) konfrontiert werden, die neu für sie sind, was nichts anderes heißt, als die Augenblickssituationen als Anstoß zu nutzen, Informationsvermittlung zu betreiben: das kann eine Szene in einem Fernsehfilm sein, die das Kind gerade miterlebt, oder ein Ausruf über eine Schlagzeile in der Zeitung, oder beispielsweise der Anblick einer schwangeren Frau im Supermarkt.

Immer kann man das Kind beiläufig fragen: "Ist dir was aufgefallen?" "Kennst Du Dich aus?" "Willst Du was wissen?"

Aufklären, nicht aufdrängen

Falsch, weil vergewaltigend, wäre es, dem Kind Informationen aufzudrängen, die es gar nicht haben will, sei es, weil das Kind "noch nicht so weit" ist, sei es, weil ihm Mutter oder Vater oder sonst jemand mit ihrem "G'schichterl reindrucken" auf die Nerven gehen.

Wenn Eltern ihrem Kind unerwünschte Informationen aufzwingen, lernt das Kind nur Unterwerfung und an ihrem Vorbild, wie man Menschen etwas "mit Gewalt" aufzwingt. Sie werden das wahrscheinlich nachahmen.

Hingegen sollten Eltern und andere Bezugspersonen sich fragen: welches Vorbild gebe ich ab, sich selbst zu mögen, den Körper, das Aussehen zu akzeptieren, aber auch, daß man sich zeitweise nicht mag ...?

Sexualerziehung ist ein Prozeß, in dem man lernt, Grenzen zu respektieren, die eigenen, die fremden, aber auch, daß eben mancherlei nicht verwirklichbar ist. Dieser Erziehungsprozeß kann schon sehr früh beginnen – immer dort, wo das Kind an Grenzen stößt, bitte an reale, nicht an sadistisch inszenierte.

Grenzen ziehen

Wenn ein Zweijähriger seine Mutter in die Nase zwickt oder beißt, ist es durchaus richtig, wenn Mutter sagt: "Das tut mir weh – hör bitte auf!" oder "Au! Laß das!" Es geht in diesem Fall nicht (nur) darum, daß das Kind lernt, daß es das nicht "darf", sondern daß ihm nicht alles gestattet wird, daß es andere verletzen, schädigen kann, und daß es die Information der anderen daher braucht, um zu wissen, wann es an Grenzen stößt. Und so lernt es auch am Vorbild der anderen Person, wie man sagt, wenn man etwas nicht will.

Daher ist auch wichtig, daß die Bezugsperson "laut denkt": "Wie tut mir denn das? – Das tut mir nicht gut. Du, bitte hör auf, das tut mir nicht gut!"

Wenn man Kinder z. B. vor sexueller Mißhandlung schützen will, dann ist der erste Schritt der, dem Kind Vorbild zu sein, daß und wie man sich wehren kann, wenn man etwas nicht will. Wenn man Kindern keine Grenzen setzt, lernen sie nicht, mit Grenzen umzugehen. Aber die Grenzsetzung soll "echt" sein – nicht gespielt. Ich höre oft von Müttern, daß ihre Kinder, die schon der Volksschule entwachsen, ihnen an die Brüste grapschen, und sie fragen mich dann: "Soll ich das gestatten?" Und ich frage zurück: "Wollen Sie das?" Und dann sagen sie "Nein, es ist mir unangenehm" und ich frage dann, "Was hindert sie denn, das dem Kind zu sagen?" Und dann meinen die Mütter, sie hätten geglaubt, die Kinder bräuchten das – und ich präzisiere dann, "Ja schon – die Babies!"

Solch eine Situation eignet sich gut, Grenzen zu zeigen: "Du, ich verstehe, daß Du gerne etwas Weiches angreifst, aber mir ist das unangenehm, wenn Du etwas Weiches betatschen willst, greif Dir selber auf den Popo, der ist auch weich!" Einer anderen Mutter aber ist das Gleiche vielleicht recht angenehm, und die darf das dann auch genießen – sie sollte nur darüber nachdenken, womit das zusammenhängt und ob sie nicht das Kind animiert, den Partner zu ersetzen.

Erziehung ist eine permanente Herausforderung, darüber nachzudenken, was wir tun und wo Grenzen überschritten werden.

Dazu gehört auch, nachzudenken, was ist "normal" – in welchem Alter von Kindern. So wie jedes Organ seine Entwicklungszeit und seinen Wachstumsverlauf hat, hat auch jede Wahrnehmung, jede Fähigkeit ihre Entwicklungszeit. Ein Baby braucht permanente Nähe, Geborgenheit; ein Kind, das bereits laufen kann, beginnt damit einen andauernden Distanzierungsprozeß: es erarbeitet sich so seine eigene Welt. Das auszuhalten ist für viele Eltern schwer; sie klammern, jammern, manipulieren ... So spricht etwa der Psychoanalytiker Matthias HIRSCH von emotionalem Mißbrauch, wenn Bezugspersonen "Terrorismus des Leidens" anwenden.

Viele Eltern holen aber aus Vereinsamung oder aus Rache ein Kind in eine Position, die eigentlich dem Lebenspartner gebührt. Der "kleine Mann", die "kleine Frau" ist damit natürlich total überfordert und wird um die Kindheit betrogen.

Generationenschranke

Wenn ein Elternteil mit einem Kind eine "Koalition bildet", wird die Generationenschranke überschritten: das Kind wird "vor der Zeit" in den Erwachsenenstatus erhoben, die Eltern aber verweigern die Elternrolle, versuchen sich auf dieselbe Ebene mit dem Kind zu stellen.

Derartige Grenzüberschreitungen finden oft statt, wenn es um Nacktheit geht. Wollen Kinder in der Vorpubertät, so etwa mit sieben, acht Jahren, plötzlich nicht mehr nackt gesehen werden, im Badezimmer allein sein, so ist das zu respektieren. Diese Scheu des Kindes ist als Reaktion auf die erwachsene Geschlechtlichkeit der Eltern zu verstehen, die nunmehr in ihrer "Größe" wahrgenommen wird. Bei manchen Kindern kommt das früher, bei anderen später. Eltern reagieren allerdings meist mit ihren eigenen sexuellen Phantasien: etwa der, daß die Kinder im Badezimmer irgendetwas Verbotenes tun, wenn sie die Tür abschließen. Dabei tun sie das, weil sie mit sich selbst allein sein wollen, weil ihnen Kontrollen zu sehr "an den Leib rücken", vielleicht auch, weil sie ihren Körper erforschen wollen – der beginnt ja jetzt, sich zu verändern, die Geschlechtshormonausschüttungen, die zu dieser Zeit beginnen, tun ihr Werk, und die Kinder haben genug zu tun, mit diesen Veränderungen zurecht zu kommen – da stören neugierige Eltern nur.

Geschlechtshormonausschüttung heißt auch, jetzt beginnt ein anderes Bedürfnis nach "eigenem Raum", und vielfach reagieren Eltern mit Konkurrenzgefühlen, wollen nicht Raum abgeben und flüchten sich in Machtdemonstrationen: "Solange Du Deine Füße unter MEINEM Tisch hast ..."

Und an diesem Vorbild lernen Kinder wieder nicht, selbständig zu werden, Verantwortung zu übernehmen, sondern sie werden künstlich klein gehalten. Oft ist heimliche Sexualität dann die einzige Form, sich groß fühlen zu können. Heimlichkeit beinhaltet aber immer die Gefahr der Gewalt, schon allein durch die Schnelligkeit, mit der alles abläuft. Selbst zärtliches Streicheln der Wange, extrem beschleunigt, entartet zur Ohrfeige!

Zu respektieren, daß Kinder Zeit und Raum für sich allein brauchen, verletzt oft das Besitzdenken der Eltern, die denken, sie wären nur "gute" Eltern, wenn ihre Kinder das täten, was die Eltern vorschreiben, und sich nicht entzögen. Aber gerade zu Ende der Volksschulzeit gewinnen Menschen die Fähigkeit, über sich und die Folgen des eigenen Tuns nachzudenken und diese sollte angeregt, respektiert und zugelassen werden.

Ersatzpartner Kind?

In ihren Kinder entdecken sich Eltern wieder – besonders, wenn es große Ähnlichkeiten gibt. Andererseits können sie auch ihren Partner wiederentdecken, und das wird oft dort problematisch, wenn sich etwa der Vater über seine Frau geärgert hat und nun in der Tochter die ideale Partnerin sieht; oder Mütter in den Söhnen ihren Mann wiedererkennen, wenn sie sich über den Vater geärgert haben, der vielleicht auch nie da ist, nicht heimkommt ...

Das ist vor allem deshalb so gefährlich, weil Kinder weich und formbar sind und ein gutes Gespür haben, was andere brauchen, besonders dann, wenn es dem Erwachsenen schlecht geht. Aus dem Trösten und Anschmiegen kann es zu einer Erotik kommen, die letztlich zu einer Ausbeutung des Kindes führt. Das muß gar nicht der strafrechtlich relevante sexuelle Mißbrauch sein, der da geschieht, es genügt der emotionale, um dem Kind seelisch Schaden zuzufügen: es kann dies kaum verarbeiten, womit es da konfrontiert wird, weil es noch nicht Ich-stark-genug ist, sich gegenüber den Nahestehendsten abzugrenzen, denen es ja Gutes tun will, sich oft gebraucht und daher – oft nur so – wertgeschätzt fühlt ...

Es ist wichtig, daß Kinder ihr eigenes Leben leben dürfen. Wir sollten sie primär mit den nötigen Informationen versorgen, damit sie später im Leben gut zurechtkommen – vor allem mit der: "Laß Dich nicht manipulieren – auch nicht von mir!"

Die Fähigkeit, ihre Grenzen zu verteidigen, haben Kinder schon von den ersten Monaten an: jedes Baby brüllt und zappelt, wenn es etwas nicht will. Leider beginnen aber viele Eltern schon früh, diese Abwehr zu unterdrücken. "Gib doch der Omi das schöne Handerl!" "Gib dem Opa ein Bussi!" – so hört man es allenthalben und das Kind muß es auch tun, auch wenn es das nicht will – denn welche Eltern wollen nicht ein pflegeleichtes Kind haben?

Willensprobe

Wenn ein Kind seinen eigenen Willen zum ersten Mal zu erproben beginnt, so gegen Ende des zweiten Lebensjahres, sprechen wir von der "Ersten Trotzphase". In dieser Phase ihrer Entwicklung werden Kinder oft recht gewaltsam dazu gebracht, sich unterzuordnen. In der Schule sitzen dann die "gebrochenen", "ver-schlagenen" Kinder, und die Schulautoritäten freuen sich darüber, weil diese pflegeleichte Kinder sind – im Gegensatz zu denen, die als Gruppe versuchen, sich die Gewalt zurückzuerorbern, die sie schon früh kennen- und nachahmen gelernt haben.

Was in der Erziehung Schaden anrichtet, sind Extreme: zu hart, zu weich, aber auch: zu gleichgültig. Nicht so, wie es das konkrete Kind in der konkreten Situation braucht. Das herauszufinden braucht Kommunikation. Sich fragen zu trauen. Rückmeldung geben. Aber selbst dies kann Tarnung sein und hinter der Maske steckt das Gegenteil.

So kommt Gewalt sehr oft in der Maske der Zärtlichkeit daher. Damit wird versucht, Widerstand im Keim zu ersticken. Man ist ja so besonders lieb. Wer wagt da, von sanfter Tyrannei zu sprechen?

Ideale Erziehung regt zum Selbstnachdenken, Selbstbewerten an. Da wird die Macht der Namensgebeung nicht an andere abgegeben, sondern man selbst stellt für sich fest: "So empfinde ich das!" Daß dann die, die das nicht wollen, Egozentrik vorwerfen, ist logisch, nur: Experten für uns selbst sind wir, und nur wir.

Gelungene Sexualerziehung manifestiert sich auch darin, daß es uns in unserer Geschlechterrolle gut geht – daß unsere männlichen wie weiblichen Anteile in jedem Menschen die rechte Balance finden. Daß nicht zu dem einen oder anderen Extrem hinerzogen wird.

Sich selbst lieben lernen

Wenn eine Frau zu weich erzogen wird – zur Unterwerfung, dazu, sich alles gefallen zu lassen – so sind ihre männlichen Anteile unterentwickelt. Sie braucht diese Anteile, um Widerstand leisten zu können, z. B. gegen unerwünschte sexuelle Anmache, aber auch, um eigene Wünsche selbstbewußt artikulieren zu können – zu verfolgen und durchzusetzen.

Und wenn ein Mann mit Parolen wie: "Du mußt durchhalten!" "Ein Mann muß Härte zeigen!" auf Held getrimmt wurde, dann fehlen ihm die weiblichen Anteile – aufnahmefähig, rücksichtsvoll zu sein und auch: schwach sein zu dürfen. Gerade letzteres ist aber ungemein wichtig, um sich selbst nicht zu überfordern. Der schlechtere Gesundheitszustand, die kürzere Lebenserwartung der "Helden der Arbeit" spricht eine deutliche Sprache.

Sich selbst lieb zu haben, wird Männern verboten; es gilt als "weibisch". Und so mögen viele Männer ihren Körper nicht, fühlen sich unzulänglich, kennen oft ihre Zartheit nicht und phantasieren ihr Genital als Waffe.

Die Ursache kann auch darin gesehen werden, daß es noch immer als tabu gilt, sich selbst zärtlich zu berühren. Dabei ist das vorsichtige Reinigen ebenso wie das Luststreicheln der Geschlechtsorgane ebenso Hygiene wie das sorgfältige Putzen und lustvolle Spiel der Zähne: "Damit Sie auch morgen noch kraftvoll zubeißen können ..."

Onanieverbote haben einerseits bevölkerungs- wie machtpolitische Ziele zur Ursache: nur nicht zu viel Spaß mit sich selbst sollen Menschen haben, sondern in Angst und Schrecken das tun, was ihnen Obrigkeiten anempfahlen: sich ducken, arbeiten und bestenfalls beten.

Arbeitsteilung war ja auch jahrhundertelang das Ziel der Ehe und der Familiengründung: die Kinder wurden von ihren Eltern verheiratet, und je mehr jemand konnte, desto eher kam sie (oder er) "unter die Haube"

Heute erheben wir den Anspruch, in der Paarbildung miteinander "in Liebe" zu verschmelzen, "ein Leib" zu werden. Dazu muß man aber den eigenen kennen, denn sonst ist man nicht "Person", sondern nicht spürbar, man "begegnet" einander nicht, sondern läuft wie in eine Nebelwand. Und im Zeitalter der Werbung – nämlich der Produktwerbung, nicht der von Mann zu Frau – bemühen sich viele, gerade Jugendliche, so zu sein wie das Vorbild in der Fernsehwerbung oder im Video, denn die Eltern werden meist als entweder nicht vorhanden, oder so fad, oder so tyrannisch, oder so kaputt erlebt, daß sie kein positives Ideal mehr bieten. Dabei würde es genügen, zu sagen, "Überlege Dir, wie Du sein willst, und suche Dir realistische Vorbilder, von denen Du dazulernen kannst – und ich biete Dir mein Mitdenken, meine Kommentare, meine Warnungen, wenn ich etwas weiß, was Du vielleicht noch nicht erkennst, und bitte, nimm mich ernst mit meinen Sorgen, aber verstehe mich nicht falsch: herausfinden, was für Dich gut ist, mußt Du selbst!"

Dank einer ausgiebigen Psychologieforschung der letzten zwanzig Jahre haben wir heute ein Wissen, das uns hilft, nicht alle Fehlhandlungen früherer Zeiten im Glauben nachmachen zu müssen, es müsse mit Härte erzogen werden. Da verlieren sie nämlich ihr Gefühl, ihre Sensibilität. Und gerade in der Sexualität brauchen wir diese!

KAMPFABSAGE

"Das sind die Räuber deiner Zeit, die Tyrannen deiner Geduld und die Gärstoffe in deinem Gewissen. Du kämpfst gegen sie an, aber du weißt, es ist nicht ihre Schuld."

Janusz KORCZAK, "Wie man ein Kind lieben soll"

Kinder dienen heute zwar nur mehr mittelbar der Sicherung unseres Lebensunterhalts im Alter. Es wirbt auch keine staatliche Propaganda mehr mit Mutterkreuz für möglichst viele Geburten. Sogar im Werbefernsehen tauchen zunehmend kinderlose Karrierefrauen auf und verdrängen klammheimlich die teekesselbesungene Familienidylle. Und dennoch sehnt sich frau, kaum hat sie sich verliebt, nach einem Kind, der Kleinausgabe des Geliebten.

Ist das Kleinod dann da, beginnt die Herausforderung – der Prüfstein für jede Partnerschaft. "Kinder fordern uns heraus" – wie schon der Titel eines Pflichtbuchs für alle Eltern (von Rudolf DREIKURS und Vicky SOLTZ, Klett Verlag) ankündigt.

Herausforderung Nr. 1:

Keine Übertreibung der Mutter-Kind-Idylle! Viele Frauen meinen, kaum halten sie ihr Kind in Armen, nun nur mehr Mutter – nicht mehr Ehefrau, Partnerin, Geliebte sein zu müssen (dürfen). Die Folge ist, daß sich viele Männer als Person nicht mehr wahrgenommen, als Verantwortungsträger nicht mehr zugelassen und schlichtweg als Erzeuger und Finanzier mißbraucht fühlen und – sich distanzieren. Und wenn es nur in den Gesangsverein ist (und nicht in die Arme einer Anderen oder ins Wirtshaus).

Aber nicht nur das Kind braucht Mutter UND Vater, eine weibliche UND eine männliche Identifikationsfigur und deren vorbildhaftes Verhalten, sondern auch die Mutter braucht den Partner, nämlich als adäquaten Gesprächspartner, mit dem Erziehungsziele und -strategien erarbeitet werden können. Männer hingegen müssen vielfach erst lernen, "Vater zu SEIN" anstatt nur "Kinder zu HABEN" und so ihre Fortpflanzungskraft nicht nur eine Zeugungssekunde lang zu leben.

Herausforderung Nr. 2:

Vermeidung jedweder Tyrannei. Als solche werden oft die hilflosen Signale des Kleinkindes gedeutet – aber welche anderen stehen ihm zur Verfügung?

"Ein Theoretiker teilt die Kinder nach Temperamenten, geistigen Typen, Neigungen in Kategorien ein – ein Praktiker unterscheidet vor allem bequeme und unbequeme Kinder – mittelmäßige, mit denen man sich nicht besonders zu befassen braucht, und Ausnahmefälle, die viel Zeit in Anspruch nehmen" eröffnete der polnische Kinderarzt und Erzieher KORCZAK.

Wer Erziehungsverantwortung trägt, steht unter besonderem Erfolgsdruck. Dafür sorgen schon die Großeltern, Nachbarn und alle sogenannten Freunde, die Kinder zum Vergleichen und Rivalisieren benützen. Meist pendeln ihre Tips zwischen Resignation ("Da kann man halt nichts machen!") und brutaler Gewalt ("Dir werd' ich's zeigen!"). Die Aufgabe ist aber nicht, sich als Stärkere/r durchzusetzen, sondern dem Kind schrittweise und altersgemäß die Möglichkeiten und Unmöglichkeiten der Realität zu vermitteln.

Herausforderung Nr. 3:

Grenzen korrekt setzen. Nicht zu eng, nicht zu weit und schon gar nicht auf Grenzziehungen zu verzichten.

Vielfach wird das Schlagwort von der "antiautoritären Erziehung" als "ZÜGellos laufen lassen" mißverstanden; das bedeutet es aber nicht, sondern im Gegenteil: es bedeutet, sich zu dem Kind in BeZUG zu setzen: genau zu überdenken, wo man dem Kind seinen Willen läßt (es muß ja auch lernen, seinen Willen einzusetzen, sonst ist es später das klassische Gewaltopfer) und wo sein Wollen begrenzt werden muß und ihm das auch zu erklären, denn sonst lernt es ja nicht mitzudenken. Es lernt höchstens, daß die Eltern "sinnlose" Verbote oder Gebote aussprechen und erzwingen.

Herausforderung Nr. 4:

Kinder nicht mißbrauchen. Kinder können emotional, sozial und sexuell mißbraucht werden – wie jeder Mensch.

Emotionaler Mißbrauch beginnt bei der Manipulation "Iß es mir zuliebe!" und endet bei "Das kannst Du mir doch nicht antun!" – z. B. aus der elterlichen Wohnung ausziehen. Das Kind wird mittels Schuldgefühlen dorthin gedrängt, wo es der/die bedürftige Erziehende haben will. Später stellen diese Kinder den Großteil der Psychotherapieklientel dar – Menschen, die sich selbst nicht spüren, nicht wissen, wer sie sind und was sie wollen und daher auch nicht erkennen, wo ihnen etwas schadet. Daß sie dadurch besonders krankheitsanfällig werden, liegt auf der Hand.

Als sozialen Mißbrauch bezeichne ich die Verwendung des Kindes als Bediener/in: "Hol die Zeitung (Zigaretten, Bier ...)!", "Trag' den Mistkübel runter (egal, wie groß und schwer der ist)!", "Fahr für mich zur Oma (weil ich halt sie nicht aus)!" und so fort. Damit kein Mißverständnis entsteht: Mit Kindern GEMEINSAM Hausarbeiten zu verrichten ist eines – Kinder als Dienstboten zu mißbrauchen, etwas anderes!

Sexueller Mißbrauch beginnt nicht erst bei Berührung eines Genitales eines der Beteiligten! Er beginnt bereits, wenn ein Kind als Partnerersatz ausgebeutet wird, oder wenn altersunangemessene "Informationen" (und dazu zählen auch Blicke und Streicheleien) zwecks sexueller Erregung des Erwachsenen aufgedrängt werden. Wenn ein Kind "brav" sein und dennoch etwas Nichtgewolltes, Angstmachendes, Ekelerregendes nicht erleben will, muß es sich "totstellen" – seine Empfindungen abspalten, sein Bewußtsein in Richtung Fühllosigkeit verändern. Und meist bleibt ihm diese seinerzeitige "Überlebensstrategie" späterhin auch dann, wenn es sexuelle Nähe will.

Herausforderung Nr. 5:

Die Welt durch die Augen des Kindes sehen. Kinder haben einen anderen Blickwinkel – von unten nach oben. Kluge Erwachsene gehen daher auch in die Hocke, wenn sie mit einem Kleinkind sprechen. Unkluge fordern auch dann noch dieses Hinaufschauen, wenn ihnen der Sprößling bereits über den Kopf gewachsen ist – statt ihn oder sie spätestens jetzt als gleich groß, wenn auch vielleicht noch etwas weniger erfahren, zu akzeptieren.

Viele Erziehende denken nicht daran, daß jede Fähigkeit erst entwickelt und eingeübt werden muß. Das Aufnehmen ebenso wie das Verdauen, das Zupacken ebenso wie das Loslassen, die Selbstbehauptung ebenso wie das Verzichten, die Anstrengung ebenso wie die Muße. Und alles hat und braucht seine Zeit. Und das noch individuell unterschiedlich. Regelmäßige Nachfragen bei Kinderarzt, Psychologen oder Pädagogen lohnen sich daher auf jeden Fall.

Herausforderung Nr. 6:

Fördern, nicht überfordern. Bleiben wir gleich beim Beispiel Zeit: Zeitgefühl hat man erst gegen Ende des ersten Lebensjahrzehnts. Es ist daher sinnlos – eine Überforderung – von Sechsjährigen pünktliches Nachhausekommen zu verlangen! Bestenfalls kann man sie darauf dressieren, regelmäßig auf eine stets verfügbare Uhr zu schauen und zu kontrollieren, wo die Zeiger stehen, und die müssen dann auch kindgerecht färbig sein, denn die Größendifferenz wird das Kind auch noch nicht so recht realisieren können ...

Es hat schon seinen Sinn, wieso erst in der vierten Volksschulklasse erste Schularbeiten aufgegeben werden. Denn erst in diesem Lebensjahr besteht eine gewisse Chance zu erlernen, wie man sich eine Arbeit auf eine knappe Stunde einteilt. Leider drängen viele Eltern ihre Kinder dazu, gleichsam als ihr "verlängertes Selbst" das erreichen zu müssen, was sie selber nicht geschafft haben. Eine soziale Vergewaltigung!

Herausforderung Nr. 7:

Die Individualität des Kindes achten. Auch wenn einem der hoffnungsvolle Nachwuchs schwer auf die Nerven geht – Kampfansagen und Machtspiele zerstören nur die Vertrauensbasis und damit den Informationsfluß. Beides ist aber notwendig, denn nur wenn sich das Kind respektiert und verstanden fühlt, wird es auch Bedenken der Eltern respektieren und verstehen.

Wenn auch manches Kind aussehen mag wie Vater oder Mutter "aus dem Tascherl gefallen" – seine Erfahrungen sind auf jeden Fall andere als die seiner Eltern, auch wenn es im selben Ort und im selben Haus aufwächst – die Zeiten haben sich und vieles drumherum geändert. Vor allem aber die Probleme, die in Beruf und Gesellschaft zu lösen sein werden: in Zukunft wird es hauptsächlich auf Kreativität ankommen und auf Zusammenarbeit, nicht mehr auf gleichgeschalteten Gehorsam und Konkurrenz! Denn damit lassen sich Umweltschmutz, atomare Bedrohung und soziale Isolierung nicht beseitigen.

Herausforderung Nr. 8:

Dem Kind Freiraum lassen. Wachstum erfordert Platz, damit man sich ausbreiten kann (was nicht heißt, daß es zu krebsartigem Auswuchern kommen darf). Revierkämpfe scheinen vorprogrammiert. Aber zwischen einer fairen, partnerschaftlichen Konfliktregelung und zerstörerischem Kriegführen liegen Welten!

Dein Kind als Partner

Dein Kind ist ein eigenständiger Mensch, für dessen ungestörtes Aufwachsen Du die Verantwortung trägst. Achte daher, daß Du es nicht störst. Und wenn Du Dich gestört fühlst – sag es ihm, aber liebevoll und so, daß es Dich verstehen kann. Wenn Du in Deiner Kindheit gestört, verstört wurdest – laß Dein Kind nicht Deine Erfahrungen wiederholen müssen, sondern betrauere Dein Leid und sei Dir selbst ein guter Elternteil – oder such Dir zumindest liebevollere Ersatzeltern.

Dein Kind wird durch Dich die Welt kennen – und hoffentlich verstehen lernen. Es wird Dir vertrauen – manipuliere daher sein Vertrauen nicht, es verliert sonst das Gefühl für Wahrheit. Zeige ihm getrost die Gegensätzlichkeiten und zeige ihm die Möglichkeit zu wählen. Du mußt es nicht in eine Richtung drängen – es wird ja an Deinem Vorbild lernen.

Wenn Du in Gegensatz zu ihm gerätst – verbiete, drohe und strafe nicht, sondern sage ihm ruhig Deine Sorgen und Bedenken und frage es, was es zu tun gedenkt. Versuche, es zu verstehen und ihm beizustehen. Das tust Du am besten, indem Du ihm viele Alternativen aufzeigst und es begleitest, während es herausfindet, welche für es am besten ist.

Strafe nicht – durch Strafe lernt niemand. Laß Dein Kind die sinnzusammenhängenden Konsequenzen seines Verhaltens tragen – Fernsehverbot macht also nur Sinn, wenn das Kind vereinbarte Fernsehzeiten nicht eingehalten hat. Dein Kind soll lernen, Fehler zu reparieren, nicht Strafende zu hassen.

ZEIT UND VERTRAUEN

ZEIT, Dich in Liebe zu empfangen,
in Liebe zu und mit DEM Mann.
ZEIT, Dich zu halten, zu wärmen und zu fördern,
Dich zu kosen, Dich zu lieben.
ZEIT, so kleine Schritte zu machen,
damit Du in Deiner ZEIT mithalten kannst.
ZEIT, Deine Phantasien mitzuträumen und
ZEIT, Deine Sichtweisen zu verstehen und zu achten.
ZEIT, Dir die Welt zu erklären,
leise und ruhig, damit Du nicht erschrickst.
ZEIT und GEDULD, Dir beizustehen und
ZEIT und VERTRAUEN, Dich ziehen zu lassen.
Uhren lügen. Die rechte ZEIT sagt das Herz.

LITERATURANGABEN

BAUMGARTNER, Gertrud, Die Verfolgung und Internierung von sogenannten "asozialen" Frauen in der NS-Zeit. In: PERNER, Rotraud A., Menschenjagd. s.u.

CANACAKIS, Jorgos, Ich sehe deine Tränen. Trauern, klagen, leben können. Kreuz 1987/1991

FERENCZI, Sándor, Sprachverwirrung zwischen dem Erwachsenen und dem Kind. In: Schriften zur Psychoanalyse, II. Fischer Wissenschaft 1972/1982

FÖLDY, Reginald/SEMRAU Eugen, Kommunikationswissenschaft heute. Franz Deuticke 1984

FREUD, Sigmund, Das Unbehagen in der Kultur. In: FREUD, Sigmund, Abriß der Psychoanalyse. Fischer TB 1953

FROMM, Erich, Anatomie der menschlichen Destruktivität. Rowohlt 1977

GOFFMAN, Erving, Asyle. Suhrkamp 1972

GROSS, Werner, Sucht ohne Drogen. Fischer 1990

GROSSER, Sigrid / KRISOR, Matthias, Gewalt in der Psychiatrie: Notwendiges Übel oder vermeidbares Verhalten? In: SCHÖNY / RITT-MANNSBERGER / GUTH (Hg), Aggressionen im Umfeld psychischer Erkrankungen, Edition pro mente 1994

HENLEY, Nancy M., Körperstrategien. Geschlecht, Macht und nonverbale Kommunikation. Fischer TB 1988

HIRSCH, Matthias, Realer Inzest. Psychodynamik des sexuellen Mißbrauchs in der Familie. Springer 1987/1990

JACOBI, Jolande, Die Psychologie C. G. Jungs. Fischer Wissenschaft 1977/1982

KAZIS, Cornelia (Hg.), Dem Schweigen ein Ende. Sexuelle Ausbeutung von Kindern in der Familie. Lenos 1988/89

KORCZAK, Janusz, Wie man ein Kind lieben soll. Vandenhoek & Ruprecht 1967/1992

PERNER, Rotraud A., Brunftzeit. In: PERNER, Rotraud A.(Hg.), Zeit(t)räume. Vom Denken, Fühlen und Spüren. Löcker Verlag 1992

PERNER, Rotraud A., Management macht impotent – Abschied vom Mythos Macher. aaptos 1995

PERNER, Rotraud A., Menschenjagd. Vom Recht auf Strafverfolgung. Donau Verlag 1992

PERNER, Rotraud A., Scham macht krank. Sexualpädagogik, Sexualberatung, Sexualtherapie. aaptos 1997

PERNER, Rotraud A., Seelenmord – Seelenfrieden. In: Schuld & Unschuld. Täter und Opfer sexueller Mißhandlung. aaptos 1994

PERNER, Rotraud A., Ungeduld des Leibes – Die Zeitrhythmen der Liebe. Orac 1994

PERNER, Rotraud A., Zeugin der Lüste. Lust und Frust der Rundfunksexualberatung. Edition Tau 1991

PHETTBERG, Hermes, Predigtdienst. Falter Verlag 1995

REICH, Wilhelm, Die Entdeckung des Orgons I. Fischer 1972

RIEMANN, Fritz, Grundformen der Angst. Ernst Reinhardt Verlag 1984

ROGERS, Carl R., Entwicklung der Persönlichkeit. Klett Cotta 1982/1983

ROSSMANN, Eva, Unter Männern. Frauen im österreichischen Parlament. Folio Verlag 1995

SAINT-EXUPÉRY, Antoine de, Der kleine Prinz. Arche 1983

SAPIR, Edwin, zitiert nach: BANDLER, Richard/GRINDER, John, Metasprache und Psychotherapie. Junfermann 1975/1981

SATIR, Virginia, Selbstwert und Kommunikation. Familientherapie für Berater und zur Selbsthilfe. Pfeiffer 1975/1986

TANNEN, Deborah, Du kannst mich einfach nicht verstehen. Kabel 1991

TIDL, Georg, Die Frau im Nationalsozialismus. Europa Verlag 1984

TURRINI, Peter, Ein paar Schritte zurück. Europaverlag 1986

WATZLAWICK, Paul/BEAVIN, Janet H./JACKSON, Don D., Menschliche Kommunikation. Formen Störungen Paradoxien. Verlag Hans Huber 1969/1982

QUELLENANGABEN

Beziehung kann gelingen

Illusion vom großen Glück

Erstveröffentlichung in: Die Furche 4. 7. 1996

Aufmachen

Erstveröffentlichung in: Salzburger Nachrichten 11. 6. 1992

Aufbrechen – Vom seelischen Muskelkater

Erstveröffentlichung in: Goldegger Dialoge 1992, „Schmerz – Stachel des Lebens“, Kulturverein Schloß Goldegg

Wenn die Schnecken Trauer tragen. Die Angst der Langsamen vor den Hudriwudris.

Erstveröffentlichung in: Goldegger Dialoge 1993, „ZEIT – Erleben. Zwischen Hektik und Müßiggang“, Kulturverein Schloß Goldegg

Wie die Macht schmeckt

Erstveröffentlichung in: Die Furche 28. 1. 1998

Dein ist mein ganzes Herz

Erstveröffentlichung in: Der Wiener IT-Kongreß 1996, „Globale Informationsverarbeitung – Auswirkungen der Internationalisierung“ 28. – 31. 5. 1996, Band II, ADV

Kultur des Teilens

Erstveröffentlichung in: Salzburger Nachrichten 4. 12. 1995

Beglückung

Erstveröffentlichung in: Wiener Journal Nr. 211 (April 1998)

Familie kann gelingen

Mythos Familie

Erstveröffentlichung in: Institut für Sozialpädagogik Wien. Dokumentation des Symposiums „Familie – Traum und Trauma“ 1995

Muttertagsträume

Erstveröffentlichung in: Das Journal 5/1997

Familienmanagement

Erstveröffentlichung in: Hernsteiner 2/1994

Kann Familie heute noch gelingen?

Erstveröffentlichung in: Kärntner Kirchenzeitung 21. 12. 1997

FamilienBande

Erstveröffentlichung in: SCHÖNY/RITTMANNSBERGER/GUTH, „Aggression im Umfeld psychischer Erkrankungen“, Edition pro mente 1994

Familienarbeit als Beziehungsarbeit

Erziehung kann gelingen

Raum und Zeit
Erstveröffentlichung in: Salzburger Nachrichten 15. 2. 1997
Kinderzentriert: Wohnen
Erstveröffentlichung in: Konstruktiv 199 (Februar/März 1997)
Kinder haben wohl zu geraten
Erstveröffentlichung in: Salzburger Nachrichten 30. 6. 1997
Kinderliebe
Erstveröffentlichung in: Kärntner Kirchenzeitung 24. 8. 1997
Keiner fragt, was das Opfer braucht
Erstveröffentlichung in: Salzburger Nachrichten 2. 9. 1996
Recht auf Mißtrauen
Erstveröffentlichung in: Salzburger Nachrichten 25. 9. 1995
Mit 17 gibt's keine Träume
Erstveröffentlichung in: Salzburger Nachrichten 7. 1996
Betrifft: Sexualerziehung
Erstveröffentlichung in: FREUDENBERGER, Werner (Hg.), VIVA – Erziehungsbuch, Veritas 1997
Kampfabsage
Erstveröffentlichung in: Der Elefant November 1996
Zeit und Vertrauen
Erstveröffentlichung in: GERBEL, Karl (Hg.), Heute die Welt von morgen träumen, Österreichische Kinderfreunde 1994

DIE AUTORIN

Mag. Dr. Rotraud A. Perner, Jahrgang 1944, wandte sich nach der Promotion in Rechtswissenschaft der Soziologie, Sexualpädagogik und Tiefenpsychologie zu. Nach Jahren intensiver Gemeinwesenarbeit leitet die lizensierte Psychotherapeutin und Psychoanalytikerin neben ihrer eigenen Praxis die Abteilung Streß am Europäischen Zentrum für Umweltmedizin, Streß und Balneologie.

Sie lehrt als Gastprofessorin Sexualtherapie an der Universität Klagenfurt sowie an der Wiener Internationalen Akademie für Ganzheitsmedizin und Didaktik der Gewaltprävention an der Universität Wien. Außerdem trainiert und supervidiert sie vor allem in Gesundheitsinstitutionen und im staatlichen Verwaltungsbereich.

Sie ist Erste Vorsitzende der Österreichischen Gesellschaft für Sexualforschung, Mitglied des Psychotherapiebeirats im Gesundheitsministerium und allgemein beeidete Gerichtssachverständige für Psychotherapie.

Für ihre Arbeiten zu therapeutischer Kommunikation, Gewaltprävention und Sexualtherapie erhielt die Mutter zweier Söhne 1996 als erste Frau den Paracelsusring.

PUBLIKATIONEN

* 1991 “Zeugin der Lüste. Lust und Frust der Rundfunksexualberatung“, Edition Tau, Bad Sauerbrunn
* 1992 „Die starken Zweiten – Träger des Erfolges. Motive und Motivation zur Spitzenleistung“ gemeinsam mit Reginald Földy, Wirtschaftsverlag Langen Müller, München
* 1993 „Erfolg feminin. Anleitung zum Selbstmanagement“, Service Fachverlag, Wien
* 1994 „Schuld & Unschuld. Täter und Opfer sexueller Mißhandlung“, aaptos Verlag, Wien
* 1994 „Ungeduld des Leibes. Die Zeitrhythmen der Liebe“, Orac, Wien München Zürich
* 1995 „Psychosomatik – Die vergessene Sexualität. Ein Gesundheits-Lesebuch“, aaptos Verlag, Wien
* 1995 „Management macht impotent. Abschied vom Mythos Macher“, aaptos Verlag, Wien
* 1997 „Scham macht krank. Sexualpädagogik – Sexualberatung – Sexualtherapie“, aaptos Verlag, Wien
* 1997 „Madonna UND Hure. Jagdstrategien für Amazonen“, ankh Verlag, Weichselboden
* 1997 „Die Tao-Frau. Der weibliche Weg zur Karriere“, Verlag C. H. Beck, München
* 1997 „Management macht impotent“, Neubearbeitung, Orell Füssli, Zürich
* 1998 „Traum oder Trauma – Gedanken zu Partnerschaft und Familie“ aaptos Verlag, Wien

als Herausgeberin:
* 1991 „Zuliebe zu Leibe. Über die Möglichkeit und Unmöglichkeit kindlicher Erotik“, Edition Tau, Bad Sauerbrunn
* 1992 „Menschenjagd. Vom Recht auf Strafverfolgung“, Donau Verlag, Wien
* 1993 „Zeit(t)räume. Vom Denken, Fühlen und Spüren“, Löcker Verlag, Wien

ANHANG

ALLE ÖSTERREICHISCHEN FAMILIENBERATUNGSSTELLEN

(Stand April 1998)

WAS SIE IMMER SCHON ÜBER FAMILIENBERATUNGSSTELLEN WISSEN WOLLTEN...

Für wen sind Familien- und Partnerberatungsstellen gedacht?

Für Einzelne, Paare und Familien, die die alltäglichen Probleme des Zusammenlebens - oder nicht Zusammenlebenkönnens - besser bewältigen wollen.

Wer kann eine Familienberatungsstelle aufsuchen?

Kinder, Jugendliche, Erwachsene, Senioren... allein, zu zweit, aber auch eine komplette Familie, entferntere Angehörige, Nachbarn... alle, die Probleme miteinander haben.

Kann man in Familienberatungsstellen einfach spontan hingehen?

Prinzipiell ja, dann wird aber nur ein Termin vereinbart - deshalb bitten BeraterInnen um telefonische Terminvereinbarung.

Was geschieht in einer Familienberatungsstelle?

Die Ratsuchenden konkretisieren - mit Hilfe der BeraterInnen - ihr Problem, die Auslösesituationen, die einwirkenden Momente, die unerwünschten wie auch erwünschten Folgen, erhalten fehlende Informationen, besprechen ihre Beeinflussungsmöglichkeiten, entdecken noch ungenützte Beeinflussungsfähigkeiten, verbessern ihre Kommunikation, ihre Umgangsformen und ihre Problemlösungskompetenz und gewinnen qualifizierte GesprächspartnerInnen, um ihre Entscheidungen und Verhaltensweisen zu überdenken und möglichst angemessen zu gestalten.

Wer sind die GesprächspartnerInnen in Familienberatungsstellen?

Diplomierte BeraterInnen, SozialarbeiterInnen, PsychologInnen, PsychotherapeutInnen, ÄrztInnen, JuristInnen, PädagogInnen. Viele BeraterInnen sind in systemischer Familientherapie ausgebildet. In spezialisierten Beratungsstellen finden sich auch BeraterInnen, die in Sexualberatung bzw. -therapie oder frauenspezifische Sozialtherapie ausgebildet sind.

Was sind typische Beratungswünsche?

Verbesserung der Kommunikation, der sozialen oder sexuellen Beziehung, Familienplanung, Empfängnisverhütung, Fragen der Kindererziehung, des Umgangs mit Eltern oder Schwiegereltern, Organisation des Zusammenlebens. Konfliktbearbeitung aufgrund von lieblosem Umgang miteinander, Machtmißbrauch, Außenbeziehungen; Scheidungswünsche oder Scheidungsdrohungen, finanzielle Fragen wie Unterhalt, Erbschaft, Haushaltsbeiträge; psychische oder soziale Probleme wie Suchterkrankungen, Gewalt, selbstschädigendes Verhalten; Fragen des Zusammenlebens mit chronisch kranken oder behinderten Menschen...

Gibt es in Familienberatungsstellen auch Psychotherapie?

Die Grenze zwischen Beratung und Therapie ist zwar fließend und viele BeraterInnen sind ausgebildete und lizensierte PsychotherapeutInnen. Sie geben jedenfalls Krisenintervention, wenn es nötig erscheint. Dennoch ist Beratung eine eigenständige Dienstleitung; sie kann aber auf eine Kurz- oder Langzeittherapie vorbereiten.

Wird die Vertraulichkeit gewahrt?

Familien- und Partnerberatungsstellen sind keine Ämter - die BeraterInnen stehen unter Schweigepflicht. Außerdem können die Ratsuchenden auf Wunsch anonym bleiben.

Muß man in Familienberatungsstellen bezahlen?

Familien- und Partnerberatungsstellen sind Einrichtungen, die aus dem Budget des Familienministeriums gefördert werden. Sie stehen den Ratsuchenden kostenlos zur Verfügung.

BURGENLAND

AMT DER BURGENLÄNDISCHEN LANDESREGIERUNG

Abteilung 6 - Gesundheit
7001 Eisenstadt, Freiheitsplatz 1, Tel.: 02682/600/2662/FAX 02682/600/2533

MATTERSBURG		
Hauptstraße 75	02626/62055	Di. 17.00 - 19.00 Uhr
7210 Mattersburg - Walbersdorf		
Schwerpunkt: Familientherapeutisch orientierte Beratung		
NEUSIEDL/SEE		
Eisenstädterstr. 1	02167/8193	Mi. 17.00 - 19.00 Uhr
7100 Neusiedl/See		
Schwerpunkt: Familientherapeutisch orientierte Beratung		
OBERWART		
Hauptplatz 1	03352/2691 - 107	Mi. 17.00 - 19.00 Uhr
7400 Oberwart		
Schwerpunkt: Familientherapeutisch orientierte Beratung		

CARITAS DER DIÖZESE EISENSTADT

7001 Eisenstadt, St. Rochus - Straße 15, Tel.: 02682/777 - 302

EISENSTADT		
St. Rochus - Straße 15	02682/777 DW 302	Mi. 16.30 - 18.30 Uhr
7000 Eisenstadt	FAX 02682/777 - 306	1. Sa. 9.00 - 10.30 Uhr
	Medizinische Beratung	Mo. 16.00 - 17.00 Uhr
	Rechtsberatung	Mo. 17.00 - 18.00 Uhr
	Schuldnerberatung	nach Terminvereinbarung
	Erziehungsberatung	nach Terminvereinbarung
OBERPULLENDORF		
Hauptplatz 9/1/2	02612 (4)2443	Di. 17.00 - 19.00 Uhr
7350 Oberpullendorf,	Arztberatung	nach Terminvereinbarung

VOLKSHOCHSCHULE DER BURGENLÄNDISCHEN KROATEN

7000 Eisenstadt, Permayer - Straße 3, Tel.: 02682/65183

OBERWART		
Hauptplatz 1	03352/401/107	1. u. 3. Sa. 9.00 - 13.00 Uhr
7400 Oberwart		

EISENSTADT		
Permayerstr. 3/3	02682/65183/11	(geöffnet nach Bedarf)

Schwerpunkt: Beratung in Volksgruppenfragen im weiteren Sinn

VEREIN FRAUEN FÜR FRAUEN

7400 Oberwart, Spitalgasse 5, Tel.: 03352/33855

OBERWART		
Spitalgasse 5	03352/33855/4	Mo. 8.00 - 17.00 Uhr
7400 Oberwart		Di - Fr. 8.00 - 13.00 Uhr
		Mi. 8.00 - 13.00 Uhr
	Ärztliche Beratung	Mo. 13.30 - 14.30 Uhr

Schwerpunkt: Frauen- und Mädchenberatung

GÜSSING		
Hauptstraße 26/I	Tel.:03322/43001	Mo., Mi., Fr. 8.00 - 12.00
7540 Güssing		Mo. 16.00 - 18.00
		Do. 8.00 - 16.00
	Ärztliche Beratung	2., 4. Mi. 14.00 - 16.00
		u. n. Terminvereinbarung.

Schwerpunkt: Frauen- und Mädchenberatung

„DER LICHTBLICK"

Frauen- und Familienberatung

7100 Neusiedl/See, Saliterhof 12, Tel.: 02167/3338, FAX 02167/3697

NEUSIEDL/SEE		
Saliterhof 12	02167/3338	Di. 12.00 Uhr - 20.00 Uhr

„FRAUEN- uND FAMILIENBERATUNGSTREFFPUNKT OBERPULLENDORF"

7350 Oberpullendorf, Augasse 23, Tel.: 02612/42 9 05, FAX 02612/42 294

OBERPULLENDORF		
Augasse 23	02612/42 9 05	Di., Do. 9.00 - 12.00 Uhr
		2. Di 16.00 - 18.00 Uhr
	medizinische Beratung	2. Do. 17.00 - 19.00 Uhr
	Dolmetsch	1. Do. 9.00 Uhr - 12.00 Uhr
	pädagogische Beratung	3. Mo., Mi. 9.00 - 11.00 Uhr
	juristische Beratung	1. Fr. 15.00 - 16.00 Uhr

KÄRNTEN

AMT DER KÄRNTNER LANDESREGIERUNG
Abteilung 13
9020 Klagenfurt, Arnulfplatz 2 Tel.: 0463/536/31341, FAX 0463/536 - 31300

FELDKIRCHEN		
Milesistraße 10	04276/2581/251	Mi. 17.00 - 19.00 Uhr
9560 Feldkirchen		

HERMAGOR		
Hauptstraße 44	04282/2401/50	Mi. 17.00 - 19.00 Uhr
9620 Hermagor		

SPITTAL a. d. DRAU		
Tiroler Straße 13	04762/5301/290	Mo. 17.00 - 19.00 Uhr
9800 Spittal a. d. Drau		

Schwerpunkt: Pädagogische und lebensberatende Gespräche, insbesondere mit psychisch Kranken und deren Angehörigen, Vermittlung von Soforthilfsmaßnahmen bei Notsituationen, Aufarbeitung von Trennungssituationen

ST. VEIT a. d. GLAN		
Marktstraße 15	04212/5040/331	Mo. 17.00 - 19.00 Uhr
9300 St. Veit/Glan		

Schwerpunkt: Rechtsberatung

VILLACH		
Kaiser - Josef - Platz 1	04242/26220/17	Di. 17.00 - 19.00 Uhr
9500 Villach		

VÖLKERMARKT		
Spanheimergasse 2	04232/2650/24	Mo. 17.00 - 19.00 Uhr
9100 Völkermarkt		

WOLFSBERG		
Koschatstraße 21	04352/51512/10 - 13	Do. 17.00 - 19.00 Uhr
9400 Wolfsberg		

Schwerpunkte: Familienplanung, Alkoholproblematik, Anlaufstelle für psychisch Kranke

MAGISTRAT DER LANDESHAUPTSTADT KLAGENFURT

Abteilung Gesundheit
9020 Klagenfurt, Bahnhofstraße 35, Tel.: 0463/537/894, FAX 0463/537 - 676

KLAGENFURT		
Lidmanskygasse 20 H	0463/537/819	Do. 17.00 - 19.00 Uhr
9020 Klagenfurt	Sektenberatung	Fr. 15.00 - 16.00 Uhr
		u. n. Terminvereinbarung.

Schwerpunkte: Partner- u. Familienberatung, psychologisch-pädagogische Beratung, Familienrechtsangelegenheiten, Familienplanung, Schwangerschaftskonfliktlösung, Sektenberatung

KÄRNTNER CARITAS - VERBAND

9010 Klagenfurt, Sandwirtgasse 2, Tel.: 0463/55560/0, FAX 55560 - 30

KLAGENFURT		
Kolpinggasse 6/II	0463/56777	Di. , Mi. 10.00 - 12.00 Uhr
9010 Klagenfurt	FAX 55560 - 30	u. n. Terminvereinbarung
	Rechtsberatung	Do. 8.00 - 10.00 Uhr
	Arzt	1. u. 3. Di. 18.00 - 20.00 Uhr
VILLACH		
Karlgasse 3	04242/21352	Mi. 9.00 - 11.00 Uhr
9500 Villach	FAX 55560 - 30	Do. 16.00 - 18.00 Uhr
		u. n. Terminvereinbarung

Schwerpunkte: Einzel- und Gruppenberatung bei Problemen in der Eltern - Kind - Beziehung, Partner- und Familienberatung bei Krisen und Problemen des Zusammenlebens

SPITTAL/DRAU		
Litzelhofenstraße 9	04762/33929	Di. 9.00 - 11.00 Uhr
9800 Spittal/Dr.	FAX 55560 - 30	Do. 17.00 - 18.00 Uhr
		u. n. Terminvereinbarung
Außenstelle		
9761 GREIFENBURG		jeden 1. Do. im Monat
Greifenburg Nr. 240		10.00 - 12.00 Uhr
		u. n. Terminvereinbarung
Außenstelle (v. Spittal/Drau)		
OBERVELLACH		
Hauptplatz 15	0482/2959	Mi. , Fr. 9.00 - 11.00 Uhr
9821 Obervellach	FAX 55560 - 30	u. n. Terminvereinbarung

WOLFSBERG		
Markusplatz 4	04352/54423	Di. , Mi. 9.00 - 11.00 Uhr
9400 Wolfsberg	FAX 55560 - 30	u. n. Terminvereinbarung
KLAGENFURT		
Viktringer Ring 34	0463/56777	Mo. , Do. 16.00 - 18.00 Uhr
9010 Klagenfurt	55560/63, 64	u. n. Terminvereinbarung
	FAX 55560 - 30	
	Männerberatung	Mi. 18.30 - 20.30 Uhr
Aussenstelle		
Bezirksgericht Klagenfurt		Di. 9.00 - 12.00 Uhr
Dobernigstraße 2		
9010 Klagenfurt		

Schwerpunkte: Einzel- und Gruppenberatung bei Problemen in der Eltern - Kind - Beziehung, Partner- und Familienberatung bei Krisen und Problemen des Zusammenlebens Männerberatung mit den Schwerpunkte:n Gewalt in Partnerschaft und Familie, Sexualberatung

VEREIN HILFE FÜR KINDER UND ELTERN KINDERSCHUTZZENTRUM KÄRNTEN

9020 Klagenfurt, Kumpfgasse 20/1. Tel.: 0463/56767 FAX 0463/501 705

KLAGENFURT		
Kumpfgasse 20/1. Stk.	0463/56767	Mo. bis Fr. 9.00 - 17.00 Uhr
9020 Klagenfurt		
	Familienberatung	14- tägig Di. 18.00 - 20.00 Uhr
	Ärztliche Beratung	Di. 18.00 - 20.00 Uhr

Schwerpunkte: Gewalt in der Familie - psychische u. physische Mißhandlung, Vernachlässigung und sexueller Mißbrauch von Kindern, Hilfe bei Entwicklungsschwierigkeiten und Erziehungsproblemen des Kindes, Beratung in Scheidungsangelegenheiten und Sexualerziehung sowie medizinische Beratung in Fragen von Schwangerschaftsverhütung und Schwangerschaftsberatung

VEREIN "WIFF"

Weiterbildungsinitiativen für Frauen

9100 Völkermarkt, Hauptplatz 2, Tel.: 04232/4750 od. 4751

VÖLKERMARKT		
Hauptplatz 2	04232/4751	Mo. - Fr. 9.00 - 13.00 Uhr
9100 Völkermarkt		u. n. Terminvereinbarung
	Arzt	2. u. 4. Fr. 15.30 - 17.30 Uhr

Schwerpunkte: Familienplanung, Scheidungsberatung bzw. Paarberatung

VEREIN FÜR FRAUEN- uND FAMILIENBERATUNG

9020 Klagenfurt, Alter Platz 30/1, Tel.: 0463/514945

KLAGENFURT		
Alter Platz 30/1	0463/514945	Mo. - Fr. 8.00 - 12.00 Uhr
9020 Klagenfurt		Mi. 17.00 - 19.00 Uhr
		u. n. Terminvereinbarung

LAVANTTALER FRAUENBERATUNG

9400 Wolfsberg, Johann Offner - Straße 1, Tel.: 04352/52619 FAX Dw 19

WOLFSBERG		
Johann Offner - Str. 1	04352/52619	Mo. - Fr. 8.00 - 13.00 Uhr
9400 Wolfsberg		Do. 17.00 - 19.00 Uhr
		u. n. Terminvereinbarung
	Arzt	1. u. 3. Mo. 17.00 - 19.00 Uhr

Schwerpunkte: Arbeits(losen)beratung Hilfe bei Bewerbungen, Arbeitsplatzsuche, Wiedereinstieg; psychologische Beratung Ehe-, Partner- und Familienberatung, Hilfe bei Erziehungsschwierigkeiten, psychosomatischen Beschwerden, Entmutigung, Alltagskonflikten, Sozialberatung, juristische und medizinische Beratung, Vorträge zu frauenspezifischen Themenkreisen, sowie Kurse (Selbstbewußtseinstraining etc.) finden in regelmäßigen Abständen statt.

FRAUENBERATUNG VILLACH

9500 Villach, Freihausplatz 2/1, Tel.: 04242/24609, FAX 0242/24609 - 5

VILLACH		
Freihausplatz 2/1	04242/24609	Mo. - Fr. 8.30 - 13.00 Uhr
9500 Villach		
		Do. 17.00 - 20.30 Uhr
	Arzt	2. u. 4. Mo. 17.30 - 19.30 Uhr

Schwerpunkte: Frauenberatung, Scheidungsberatung am Gericht

NIEDERÖSTERREICH

MAGISTRAT DER STADT ST. PÖLTEN

Abteilung V - Gesundheitsverwaltung
3100 St. Pölten, Rathausplatz 1, Tel.: 02742/333

ST. PÖLTEN

Linzer Straße 6	02742/333/2517	Do. 17.00 - 19.00 Uhr
3100 St. Pölten	02742/333/2518	u. n. Terminvereinbarung

Schwerpunkte: Schwangerschaftskonfliktberatung, Familienplanung (einschließlich einer gynäkologischen Untersuchung in der Beratungsstelle), psychologische Beratung bei verhaltensauffälligen Kindern und Jugendlichen, Jugendberatung im Rahmen der Schulaufklärung, Kontrazeptionsberatung bei Behinderten, Scheidungsberatung

ST. PÖLTEN

Josefstraße 33d	02742/77325	Mo.
3100 St. Pölten - Süd		17.00 - 19.00 Uhr
		u. n. Terminvereinbarung

Schwerpunkte: Schwangerschaftskonfliktberatung, Familienplanung (einschließlich einer gynäkologischen Untersuchung in der Beratungsstelle), Beratung und Vorbereitung werdender Mütter, Kontrazeptionsberatung bei Behinderten, Scheidungsberatung, psychologische Beratung

GEMEINDEVERBAND ALLGEMEIN - ÖFFENTLICHES KRANKENHAUS MISTELBACH

2130 Mistelbach, Liechtensteinstraße 67, Tel.: 02572/3341

MISTELBACH

Abteilung 8/Gyn.	02572/3341/3802	Mi.
Liechtensteinstraße 67		14.00 - 20.00 Uhr
2130 Mistelbach (KrH)		u. n. Terminvereinbarung

Schwerpunkte: Familienplanung, Sexuelle Belange, Partnerschaftsbeziehungen, soziale Belange (jugendliche werdende Mütter)

STADTGEMEINDE NEUNKIRCHEN

2620 Neunkirchen, Hauptplatz 1, 02635/62531 - 62535

NEUNKIRCHEN

Holzplatz 3	02635/63295	Do. 17.00 - 19.00 Uhr
2620 Neunkirchen		

PFARRE ST. MARTIN

3400 Klosterneuburg, Martinstraße 38, Tel.: 02243/32289

KLOSTERNEUBURG

Martinstraße 40	02243/32289	Mo. 19.00 - 21.00 Uhr
3400 Klosterneuburg	n. Terminvereinbarung	(Mo - Fr 9.00 - 12.00)

Schwerpunkte: Schwangerenberatung, Familien- und Partnerschaftsberatung, Jugendberatung, Früherkennung bei Säuglingen und Kleinkindern, Verhaltens- und Schulprobleme, Information von Krebskranken (Selbsthilfegruppe), Alleinerzieher (Selbsthilfegruppe), Scheidungsproblematik, Mediation (Zusammenarbeit mit dem Gericht)

NÖ HILFSWERK

1010 Wien, Reichsratsstraße 11, Tel.: 40 80 810

WR. NEUSTADT

Gröhrmühlgasse 32	02622/86574/16	Di. 17.00 - 19.00 Uhr
2700 Wr. Neustadt		u. n. Terminvereinbarung

Schwerpunkte: Jugend- und Kinderberatung, Schuldnerberatung, systemisch orientierte Familienberatung, Sektenberatung

KREMS

Kasernstraße 16/21	02732/78690/16	Mo. 17.00 - 19.00 Uhr
3500 Krems		u. n. Terminvereinbarung

Schwerpunkte: Kinder- u. Jugendberatung, Schuldnerberatung, systemisch orientierte Familienberatung, Gruppenberatung für Alleinerziehende und Eltern behinderter Kinder, Beratung für pflegende Angehörige

KORNEUBURG

Kreuzensteinerstr. 22	02262/64969/20	Mi. 17.00 - 19.00 Uhr
2100 Korneuburg		u. n. Terminvereinbarung

Schwerpunkte: Kinder und Jugendberatung; Schuldnerberatung, systemisch orientierte Familienberatung, Gruppenberatung für Alleinerziehende, Sektenberatung

VEREIN "SPRUNGTUCH"

2340 Mödling, Bahnstraße 4/201, Tel.: 02236/48773

MÖDLING

Bahnstraße 4/201	02236/48773	Mo. 16.00 - 19.00 Uhr
2340 Mödling		Di. 11.00 - 15.00 Uhr
		Fr. 8.00 - 12.00 Uhr

Schwerpunkt: Beratung in allen Lebenskrisen

PASTORALAMT DER DIÖZESE ST. PÖLTEN
3100 St. Pölten, Klostergasse 15, Tel.: 02742/398 - 0

AMSTETTEN		
Preinsbacherstraße 12	07472/67577	Mi. 9.00 - 11.00 Uhr
3300 Amstetten		17.00 - 19.00 Uhr
	Arzt	2. u. 4. Mi 16.00 - 18.00 Uhr
	NFP - Beratung	Mo. 10.00 - 11.00 Uhr
		und 19.30 - 20.00
HORN		
Wienerstraße 5	02982/2930	Mo. 10.00 - 12.00 Uhr
3580 Horn		Di. 17.00 - 19.00 Uhr u. n. V.
KREMS		
Edmund Hofbauerg. 22	02732/73662	Mi. 9.00 - 11.00 Uhr
3500 Krems		Mi. 17.00 - 18.00 Uhr
		Mo. , Di. 17.00 - 18.00 Uhr
ST. VALENTIN		
Hauptplatz 15	07435/58743	Do. 16.00 - 18.00 Uhr
4300 St. Valentin		
LILIENFELD		
Babenbergerstraße 18	02762/503 - 290	2. u. 4. Do.
3180 Lilienfeld		9.00 - 11.00 Uhr
		16.00 - 18.00 Uhr u. n. V.
GMÜND		
Schubertplatz 19	02852/51699	Mi. 9.00 - 11.00 Uhr
3950 Gmünd		16.00 - 18.00 Uhr u. n. V.
	Arzt	1. Mi. 10.00 - 11.00 Uhr
MELK		
Linzerstraße 4	02752/3719	Di. 16.00 - 18.00 Uhr
3390 Melk		u. n. Terminvereinbarung
ST. PÖLTEN		
Heitzlergasse 2	02742/353510	Mo., Mi., Do., Fr.
3100 St. Pölten		8.00 - 12.00 Uhr
		Mo., Mi., Do.
		13.00 - 16.00 Uhr
		Di. 13.00 - 19.00 Uhr

ST. PÖLTEN		
Kranzbichlerstraße 24a	02742/353510	Mi. 8.00 - 10.00 Uhr
3100 St. Pölten		16.00 - 18.00 Uhr
		u. n. Terminvereinbarung
ST. PÖLTEN		
Mühlweg 26	02742/363053	Mo. 9.00 - 11.00 Uhr
3100 St. Pölten		17.00 - 19.00 Uhr
		u. n. Terminvereinbarung
Schwerpunkt: Schwangerenberatung		
SCHEIBBS		
Kapuzinerplatz 1/1. Stk.	07482/42432	1. u. 3. Di.
3270 Scheibbs		9.00 - 11.00 Uhr
		16.00 - 18.00 Uhr
		u. n. Terminvereinbarung
TULLN		
Donaulände 32	02272/61144	Mo. 17.00 - 19.00 Uhr
3430 Tulln		Do. 9.00 - 10.00 Uhr
		18.00 - 19.00 Uhr
		u. n. Terminvereinbarung
WAIDHOFEN a. d. THAYA		
Bahnhofstraße 18	02842/5415011	Mi. 15.00 - 18.00 Uhr
3830 Waidhofen/Thaya		u. n. Terminvereinbarung
WAIDHOFEN a. d. YBBS		
Oberer Stadtplatz 35	07442/53309	2. u. 4. Do.
3340 Waidhofen/Ybbs		16.00 - 18.00 Uhr
ZWETTL		
Neuer Markt 14	02822/53971	Mo. 17.00 - 19.00 Uhr
3910 Zwettl		Di. 9.00 - 11.00 Uhr u. n. V.

FAMILIENWERK DER KATHOLISCHEN AKTION DER ERZDIÖZESE WIEN

1010 Wien, Stephansplatz 6/V/17, Tel.: 0222/51552/330

BADEN		
Valeriestraße 10	02252/86117/28	Di. 17.00 - 19.00 Uhr
2500 Baden		

Schwerpunkte: Jugendarbeit, Familienplanung, systemorientierte Familienarbeit, Psychosomatik, Scheidungsberatung, Beratung bei Gericht

GLOGGNITZ

Prägasse 24	02662/2918	Mi. 18.00 - 20.00 Uhr
2640 Gloggnitz		

Schwerpunkte: Beratung von Familien in Krisensituationen, Partnerschaftskonflikte, Arbeitslosigkeit, Frauenberatung,

HOLLABRUNN

Mühlgasse 1/I/4	02952/4569	Do. 17.00 - 19.00 Uhr
2020 Hollabrunn		

Schwerpunkte: Beratung für Kinder und Jugendliche, Sexualberatung, Beratung bei Schulproblemen, bei Gewalt in der Familie, Scheidungsberatung

MISTELBACH

Marienplatz 1	02572/2841	Di. 17.00 - 19.00 Uhr
2130 Mistelbach		

Schwerpunkte: Lebensberatung für Frauen,

MÖDLING

Gabrielerstraße 171/2	02236/869985	Mo., Mi., Do. 18 00- 20 00Uhr
2340 Mödling		1. u. 3. Mi. 18 00- 20 Uhr
		2. u. 4. Mi. 18 00- 19.30 Uhr

Schwerpunkte: Erziehungsberatung, Psychologische Beratung, Arbeit mit Familien, Lebensskriptanalyse, Ganzheitsmedizin, Jugendberatung, Scheidungsberatung

POYSDORF

Kolpinghaus	02552/2898	Di. 18.00 - 20.00 Uhr
Kolpingstraße 7		Mi. 18.00 - 20.00 Uhr
2170 Poysdorf		2. u. 4. Mi. 9 00 - 11 00 Uhr
	Rechtsberatung	1. u. 3. Mi. 18.00 - 20.00 Uhr
	Ausländerberatung	Mo. 17.00 - 19.00 Uhr
		Do. 17.00 - 19.00 Uhr

Schwerpunkte: Paarberatung, Flüchtlingsfamilienberatung, Familienplanungsberatung, Vormittagsberatung für Mütter mit Kleinkindern, Scheidungsberatung, Begleitung in Krankheit

WIENER NEUSTADT

Neuklostergasse 1	02622/29131/18	Mo. 17.00 - 19.00 Uhr
2700 Wiener Neustadt		Di. 9.00 - 11.00 Uhr
		Do. 16.00 - 18.00 Uhr
	Juristische Beratung	nach Vereinbarung

Schwerpunkte: Familien in Krisensituationen, Partnerschaftskonflikte, finanzielle Probleme, Arbeitslosigkeit, Frauenberatung, Scheidungsberatung, Beratung bei Gericht in Planung

PURKERSDORF

Wienerstraße 12	02231/5810	Mo. 8.00 - 10.00 Uhr
3002 Purkersdorf		18.00 - 21.00 Uhr
		Di. 8.00 - 11.00 Uhr
		17.00 - 19.00 Uhr
		Mi. 9.00 - 12.00 Uhr
		Do. 18.00 - 20.00 Uhr
		Fr. 9.00 - 11.00 Uhr

Schwerpunkte: Beratung bei Beziehungsschwierigkeiten und Konflikten zwischen Paaren und innerhalb des Systems Familie

WOLKERSDORF

Mittelstraße 40	02245/2258	Mo. 17.00 - 19.00 Uhr
2120 Wolkersdorf		Di. 9.00 - 11.00 Uhr

Schwerpunkte: Scheidungsbegleitung, Sexual- u. Partnerberatung, Krisenintervention, Behindertenberatung

LAA/THAYA

Stadtplatz 17	02522/2501 - 25	Mo 18.00 - 20.00 Uhr
3136 Laa/Thaya	juristische Beratung	Jeden 1. Montag

Schwerpunkte: First-Love-Beratung, Beratung für junge Menschen, Paarberatung, Flüchtlingsfamilienberatung, Familienplanungsberatung, Vormittagsberatung für Mütter mit Kleinkindern, Scheidungsberatung, Begleitung in Krankheit

VEREIN FRAUENTREFFPUNKT MOSTVIERTEL

3300 Amstetten, Wienerstraße 47, Tel.: 07472/63297

AMSTETTEN

Wienerstraße 47	07472/63297	Mo, Di, Fr. 8.00 - 12.00 Uhr
3300 Amstetten		Di. 14.00 - 16.00 Uhr
		Do. 8.00 - 15.00 Uhr

Schwerpunkte: Familienplanung, Mutter-Kind-Beratung, Schwangerschaftkonflikt, Stillberatung, Scheidung, Trennung, Beziehungsproblematik, Krisenintervention, wirtschaftliche und soziale Belange von Frauen, Persönlichkeitsberatung, Identität und Selbstwertstärkung

VEREIN FRAUEN FÜR FRAUEN

2020 Hollabrunn, Hoysgasse 2, Tel.: 02952/2182

HOLLABRUNN

Hoysgasse 2	02952/2182	Do. 13.00 - 19.00 Uhr
2020 Hollabrunn		Mo. Di. Fr. 9.00 - 13.00 Uhr

Schwerpunkte: Partnerschaftsprobleme, Gewaltberatung, Suchtberatung, Scheidungsberatung, Medizinische Beratung

VEREIN "FRAUENFORUM"

2230 Gänserndorf, Bahnstraße 73, Tel.: 02282/2638

GÄNSERNDORF

Bahnstraße 73	02282/2638	Mo., Mi. 9.00 - 13.00 Uhr
2230 Gänserndorf		Di., Do., Fr., 12.00 - 17.00 Uhr

Schwerpunkte: Partnerschaftsberatung, Mediation, Beratung bei Gewalt gegen Frauen und Kinder, Sexualberatung, Familienplanung, Rechtsberatung, Erziehungsberatung, Scheidungsberatung, Beratung bei psychischen Störungen und psychosomatischen Beschwerden

"HEBEBÜHNE" VEREIN ZUR FÖRDERUNG SOZIALER KOMMUNIKATION UND INTEGRATION

3430 Tulln, Wienerstraße 22, Tel.: 02272/65302

TULLN

Wienerstraße 22	02272/65302	Mo. 10.00 - 12.00 Uhr
3430 Tulln		Di. 14.00 - 16.00 Uhr
		Do. 13.00 - 15.00 Uhr

Schwerpunkte: Erwerbslose und von Erwerbslosigkeit Bedrohte und deren Angehörige

CARITAS DER ERZDIÖZESE WIEN

1130 Wien, Trauttmansdorffgasse 15, Tel.: 01/87812

WIENER NEUSTADT

Baumkirchner Ring 7	02622/28085	Do. 17.00 - 19.00 Uhr
2700 Wr. Neustadt		u. n. Terminvereinbarung

Schwerpunkte: Sozial-, Partner-, Jugendberatung, Familienplanung

FRAUENBERATUNG ZWETTL

3910 Zwettl, Am Galgenberg 2. Tel.: 02822/52271, 52254

ZWETTL

Am Galgenberg 2	02822/52271,	Mo., Di., Do., Fr.
3910 Zwettl	02822/52254	9.00 - 13.00 Uhr
		Mo. 8.00 - 9.00 Uhr
		Do. 16.00 - 19.00 Uhr

Schwerpunkte: Familienplanungs-, Sexual-, Jugend-, Scheidungsberatung, pädagogische Beratung, Rechtsberatung, Geburtsvorbereitung, Stillberatung, Gesundheitsberatung, Arbeitssuche

VEREIN "FREIRAUM"

2620 Neunkirchen, Dr. Stockhammergasse 11, Tel.: 02635/61125

NEUNKIRCHEN

Dr. Stockhammergasse 11	02635/61125	Mo., Di., Do., Frei.
2620 Neunkirchen		10.00 - 12.00 Uhr
		Mo. Di. Do. 13.00 - 16.00 Uhr

Schwerpunkte: Scheidungsberatung, Beratung bei familiären Problemen, Familienplanung, soziale und finanzielle Probleme, Erziehungsberatung

VEREIN "WENDEPUNKT"

2700 Wr. Neustadt, Raugasse 16, Tel.: 02622/82596, 82597

WR. NEUSTADT

Raugasse 16	02622/82596, 82597	Mo., Do., Fr. 9.00 - 12.00 Uhr
2700 Wr. Neustadt		Di. 17.00 - 20.00 Uhr

Schwerpunkte: Gewalt in der Familie - gewaltfreier Umgang mit Konflikten, Beziehungsprobleme, Trennung, Mißbrauch, Vergewaltigung, Alkoholprobleme, Sucht - Frauennotwohnung, arbeitsmarktrelevante Beratungen

VEREIN FAMILIE UND BERATUNG

1090 Wien, Lustkandlgasse 50 Tel.: 01/4000-90728 und 4000/90742

HOLLABRUNN

Kolliskoplatz 5	02952/20531	Mi. 17.00 - 19.00 Uhr
2020 Hollabrunn		

Schwerpunkte: Sexualberatung, Sexualaufklärung, sexuelle Gewalt in der Familie, Partnerberatung

HOSPIZBEWEGUNG BADEN - HILFE DAHEIM

2500 Baden, Weilburgstraße 12/1/9, Tel .02252/22866

BADEN

Weilburgstraße 12/1/9	02252/22866	Do. 16.00 - 18.00 Uhr
2500 Baden		

ÖSTERREICHISCHE GESELLSCHAFT FÜR FAMILIENPLANUNG

1180 Wien, Ignaz Semmelweis - Frauenklinik, Bastiengasse 36 - 38, Tel.: 0222/47615 - 389

KORNEUBURG		
Sozialzentrum	02262/2576 - 520	Mo. 16.30 - 18.30 Uhr
Im Augustinergarten 6		
2100 Korneuburg		

PÄDAGOGISCH PSYCHOLOGISCHES ZENTRUM

2380 Perchtoldsdorf, Kulturzentrum, Beatrixgasse 5a, Tel.: 01/8697080

PERCHTOLDSDORF		
Beatrixgasse 5a	01/8697080	Fr. 15.00 - 19.00 Uhr
2380 Perchtoldsdorf		Di. 9.00 - 12.00 Uhr

VEREIN "ANANAS"

2230 Gänserndorf, Kirchenplatz 5, Tel.: 02282/8685

GÄNSERNDORF		
Volksschule	02282/8685	Mi. 17.30 - 18.30 Uhr
Kirchenplatz 9		u. n. Terminvereinbarung
2230 Gänserndorf		

"MÖWE" UNABHÄNGIGER VEREIN FÜR PSYCHISCH, PHYSISCH UND SEXUELL MISSHANDELTE KINDER

1120 Wien, Meidlinger Hauptstraße 7 - 9, Tel.:01/8171515, FAX 8171677

Kinderschutzzentrum "Die MÖWE"		
ST. PÖLTEN		
Bräuhausgasse 3/1	02742/311 111	Mo. 14.00 - 17.00 Uhr
3100 St. Pölten		Di., Mi., Do., Fr. 9.00 - 13.00 Uhr
		u. n. Terminvereinbarung

Schwerpunkte: Hilfe und Unterstützung für psychisch, physisch und sexuell mißhandelte Kinder und Jugendliche

OBERÖSTERREICH

AMT DER OBERÖSTERREICHISCHEN LANDESREGIERUNG

Abteilung Jugendwohlfahrt
4010 Linz, Altstadt 30, Tel.: 0732/7720 - 5215, FAX 0732/7720 - 5328

LINZ Bezirkshauptmannschaft Kärntner Straße 16 - 18 4020 Linz	0732/7720	Fr. 13.00 - 15.00 Uhr
Außenstelle LINZ Lederergasse 47 (LFrKl.) 4020 Linz	0732/7674	Di. 13.00 - 15.00 Uhr u. letzter Do. im Monat 19.00 - 21.00 Uhr

Schwerpunkt: Schwangerenberatung

RIED IM INNKREIS Bezirkshauptmannschaft Bayerhammerstraße 3 4910 Ried	07752/912/200	Do. 17.00 - 19.30 Uhr u. n. Terminvereinbarung
VÖCKLABRUCK Bezirkshauptmannschaft Sportplatzstraße 1 - 3 4840 Vöcklabruck	07672/702	Di. 17.00 - 19.00 Uhr

MAGISTRAT DER STADT LINZ

Amt für Jugend und Familie
4041 Linz, Hauptstraße 1 - 5, Tel.: 0732/7070 - 2801, FAX 0732/237465

LINZ

Anastasius-Grün-Straße 4/I	Partner- u. Eheberatung	Mi. 16.00 - 18.00 Uhr
4020 Linz	Sozialberatung	Mi. 18.00 - 20.00 Uhr
	Kinderlose Paare	Fr. 8.00 - 10.00 Uhr
0732/7070/4444 DW	Rechtsberatung	Mi. 18.00 - 19.30 Uhr
FAX 0732/604619	Arzt	Mi. 15.30 - 19.00 Uhr

Schwerpunkte: Familienplanung, Scheidungs- und Partnerberatung, Information und Beratung für kinderlose Paare.

STADTAMT BRAUNAU/INN

5280 Braunau/Inn, Palmplatz 1, Tel.: 07722/808 - 245, FAX 07722/4532

BRAUNAU/INN		
Stadtamt - Rückgebäude	07722/808 - 245	Di. 17.30 - 19.30 Uhr
Palmplatz 1		
5280 Braunau/Inn		

METHODISTENKIRCHE IN ÖSTERREICH

1100 Wien, Landgutgasse 39/8, Tel.: 0222/786367
Postadresse 4030 Linz, Willingerstraße 21, Tel.: 0732/349271, FAX 0732/349271 - 48

LINZ		
Zentrum Spattstraße	0732/349271 - 0	Di. 14.00 - 18.00 Uhr
Willingerstraße 21		Mi. 14.00 - 18.00 Uhr
4030 Linz		Do. 16.00 - 18.00 Uhr
		Fr. 14.00 - 18.00 Uhr
		u. n. Terminvereinbarung

Schwerpunkte: Beratung für Kinder und Jugendliche mit Verhaltens- und/oder Entwicklungsstörungen, Erziehungsberatung, (Schulprobleme / Pubertätsprobleme / Teilleistungsstörungen), Familienberatung (Partnerprobleme, Unterstützung bei Trennung, Teilfamilien)

PASTORALAMT DER DIÖZESE LINZ

Abteilung Ehe und Familie
4020 Linz, Kapuzinerstraße 84, Tel.: 0732/7610 - 3511, FAX 0732/7610 - 3519

BAD ISCHL		
Wirerstraße 14	0732/773676	2. u. 4. Mo. 14.00 - 18.00 Uhr
4820 Bad Ischl		u. n. Terminvereinbarung
FREISTADT		
Dechanthofplatz 1	0732/773676	1. Mi. 15.00 - 17.00 Uhr
4240 Freistadt		3. Di. 13.00 - 15.00 Uhr u. n. V.
ROHRBACH		
Pfarrgasse 8	0732/773676	2. u. 4. Mi. 10.00 - 12.00 Uhr
4150 Rohrbach		u. n. Terminvereinbarung
GRIESKIRCHEN		
Manglburg 4	0732/773676	3. Mi. 14.00 - 18.00 Uhr
4710 Grieskirchen		u. n. Terminvereinbarung

RIED		
Riedholzstraße 15a	0732/773676	1. Mi. 15.00 - 19.00 Uhr
4910 Ried im Innkreis		u. n. Terminvereinbarung
KIRCHDORF	0732/773676	1. u. 3. Mo. 14.00 - 18.00 Uhr
Hausmanninger Straße 3		u. n. Terminvereinbarung
4560 Kirchdorf		
LINZ		
Kapuzinerstraße 84	0732/773676	Mo. - Fr. 8.00 - 12.00 Uhr u.
4020 Linz		Mo. - Do. 13.00 - 17.00 Uhr
		u. n. Terminvereinbarung
GREIN		
Kirchenplatz 2	0732/773676	2. u. 4. Do. 16.00 - 18.00 Uhr
4360 Grein		u. n. Terminvereinbarung
St. GEORGEN a. d. Gusen		
Linzer Straße 8	0732/773676	1. u. 3. Do. 14.00 - 16.00 Uhr
4222 St. Georgen a. d. G.		u. n. Terminvereinbarung
LINZ- URFAHR		
Pfarrheim Linz - St. Leopold	0732/773676	1. u. 2. Mi. 9.00 - 11.00 Uhr
Landgutstraße 31b		3. Fr. 14.00 - 18.00 Uhr
4040 Linz- Urfahr		u. n. Terminvereinbarung
bzw. Kursana - Residenz		
Friedrichstraße 4		
4040 Linz- Urfahr		
STEYR		
Grünmarkt 1	0732/773676	1. u. 3. Mi. 14.00 - 18.00 Uhr
4400 Steyr		u. n. Terminvereinbarung
VÖCKLABRUCK		
Pfarrhofgries 1	0732/773676	2. u. 4. Mo. 14.00 - 18.00 Uhr
4840 Vöcklabruck		u. n. Terminvereinbarung
WELS		
Herrengasse 2	0732/773676	1. u. 3. Do. 14.00 - 18.00 Uhr
4600 Wels		u. n. Terminvereinbarung
BAD GOISERN		
Neues Gemeindeamt	0732/773676	1. u. 3. Mo. 14.00 - 18.00 Uhr
4822 Bad Goisern 650		u. n. Terminvereinbarung

SCHARNSTEIN		
Grubachstraße 6	0732/773676	1. Di. 14.00 - 18.00 Uhr
4644 Scharnstein		u. n. Terminvereinbarung
Außenstelle Kirchenplatz 4	0732/773676	3. Di. 14.00 - 18.00 Uhr
4644 Scharnstein		u. n. Terminvereinbarung
GMUNDEN		
Kößlmühlgasse 4	0732/773676	Di. u. Fr. n. Terminvereinbarung.
4810 Gmunden		
WEYER	0732/773676	1. u. 3. Do. 14.00 - 18.00 Uhr
Oberer Kirchenweg 1		u. n. Terminvereinbarung
3335 Weyer		

VEREIN FÜR JUGEND- UND FAMILIENBERATUNG

4020 Linz, Beratungsstelle "BILY", Weissenwolffstraße 17a,
Tel.: 0732/770497/98 FAX 0732/770498

LINZ	0732/770497/98	Mo. 15.00 - 18.00 Uhr
Weissenwolffstraße 17a		Mi. 17.00 - 20.00 Uhr
4020 Linz		Do. 12.00 - 15.00 Uhr
	Rechtsberatung	Mo. 16.00 - 18.00 Uhr
Sekretariat	Gynäkolog. Beratung	Mi. 17.00 - 19.00 Uhr
		Mo. , Mi. u. Fr. 9.00 - 13.00 Uhr
		Di. 10.00 - 14.00 Uhr
		Do. 12.00 - 16.00 Uhr

Schwerpunkte: Sexualberatung, Jugendberatung, Familienberatung, Partnerschaftsberatung, Sexualaufklärung, Empfängnisverhütung, Mediation, gynäkologische und psychosomatische Beratung

VEREIN HILFE FÜR KINDER UND ELTERN

(Kinderschutzzentrum)

4020 Linz, Goethestraße 25/IV, Tel.: 0732/667876, FAX 0732/6036959

LINZ		
Goethestraße 25/IV	0732/667876	Mo., Mi., Do., Fr. 9.00 - 12.00 Uhr
4020 Linz		Di. 15.00 - 17.00 Uhr

Schwerpunkte: Physische und psychische Gewalt gegen Kinder, sexueller Mißbrauch von Kindern

VEREIN AKTION FAMILIE

4600 Wels, Rablstraße 16/1. Stock, Tel.: 07242/44186

WELS		
Rablstraße 16/1. Stk.	07242/44186	Mo. Mi. Fr. 8.00 - 11.00 Uhr
4600 Wels	Arzt	Mo. 17.30 - 18.30 Uhr

Schwerpunkt: Zusammenarbeit mit dem "Haus für Frauen in Not" (Frauenhaus)

EVANGELISCHES DIAKONIEWERK GALLNEUKIRCHEN

4210 Gallneukirchen, Martin Boos - Straße 4, Tel.: 07235/63251, FAX 07235/63251 - 201

GALLNEUKIRCHEN		
Linzerberg 45c	07235/63251	Mo. - Fr. 8.00 - 12.00 Uhr
4210 Gallneukirchen	Arzt	tägl. außer Di. 7.30 - 9.00 Uhr
		u. n. Terminvereinbarung

Schwerpunkte: Famlienberatung, Beratung von Eltern behinderter Kinder, Erziehungsberatung, Beratung bei Entwicklungsrückständen - Verhaltenausffälligkeiten

KINDERSCHUTZZENTRUM "TANDEM"
VEREIN "HILFSZENTRUM FÜR JUNGE MENSCHEN"

4600 Wels, Pfarrgasse 8, Tel.: 07242/67163, FAX 07242/45937 - 14

WELS		
Pfarrgasse 8	07242/67163	Mo. 13.00 - 17.00 Uhr
4600 Wels		Di., Mi., Do. 9.00 - 17.00 Uhr
		Fr. 9.00 - 12.00 Uhr
		u. n. Terminvereinbarung
	Telefonische Beratung	Mo. 13.00 - 17.00 Uhr
		Di. - Fr. 9.00 - 12.00 Uhr

Schwerpunkte: physische und psychische Mißhandlung von Kindern und Jugendlichen Vernachlässung und sexueller Mißbrauch von Kindern und Jugendlichen, Präventionsveranstaltungen, Schulungen und Öffentlichkeitsarbeit v. a. zum Themenbereich „Sexuelle Gewalt“.

ELTERN - KIND - ZENTRUM STEYR

4400 Steyr, Promenade 8/1/8Tel.: 07252/48426, FAX 07252/484264

STEYR		
Promenade 8/1/8	07252/48426	Mo. - Fr. 9.00 - 12.00 Uhr
4400 Steyr		Di., Do. 15.00 - 17.00 Uhr
	Prakt. Arzt	2. - 4. (5.) Do.
		17.30 - 18.30 Uhr
	Gynäkologin	1. Do. 19.00 - 20.00 Uhr
		u. n. Terminvereinbarung
	begleitete Besuchsrechtsausübung	1. u. 3. Sa. 14.00 - 16.00 Uhr

Schwerpunkte: Schwangerschaft, Geburt, Kinder im Vorschulalter, Partnerschaftsprobleme

MAGISTRAT DER STADT WELS

MA 4 - Sozialberatung

4600 Wels, Stadtplatz 1, Tel.: 07242/29586 od. 235/1741, FAX 07242/22351750

WELS		
Richard - Wagner - Staße 3	07242/29586	Di., Mi. 14.00 - 12.00 Uhr
4600 Wels		

Schwerpunkte: Einzel-, Paar- und Familiengespräche; Erziehungs- und Schulprobleme, Trennung, Scheidung, Verlust, Schwangerschafts- und Sexualberatung, Eßstörungen (z. B. Bulimie), Soziale und Familienrechtliche Belange

VEREIN FÜR ALLEINERZIEHENDE MÜTTER UND VÄTER "ALLEIN MIT DEM KIND"

4020 Linz, Obere Donaulände 7, Tel.: 0732/7620 - 0

LINZ		
Gürtelstraße 3	0732/654270	Mo. - Fr. 9.00 - 12.00 Uhr
4020 Linz	FAX 0732/654270/20	Di. 13.00 - 19.00 Uhr
		u. n. Terminvereinbarung

Schwerpunkte: Alleinerziehende, Teilfamilien, familiäre Krisensituation

Außenstelle:		
Spaunstraße 1	0732/341573	Mo. - Fr. 9.00 - 12.00 Uhr
4020 Linz		

VEREIN "BALANCE"
HILFE ZUR HERSTELLUNG UND FINDUNG DES GLEICHGEWICHTES IN DER PERSON SOWIE IM SOZIALEN UMFELD

4810 Gmunden, Theatergasse 9, Tel.: 07612/70739

GMUNDEN		
Theatergasse 9	07612/70739	Mo. - Fr. 9.00 - 10.00 Uhr
4810 Gmunden		n. Vereinbarung 9.00 - 18.00 Uhr
	Arzt	Mi. u. Fr. 9.00 - 19.00 Uhr

Schwerpunkte: Spieltherapie für Kinder, Paartherapie, systemishe Familientherapie, Ablösungsprobleme bei Jugendlichen, Essstörungen

VEREIN "ZELLKERN - WEGWEISER ZUM LEBEN"

4020 Linz, Scharitzerstraße 28, Tel.: 0732/608560 - 0, FAX 0732/60856014

LINZ		
Scharitzerstraße 28	0732/608560 - 0	Mo. - Fr. 8.00 - 12.00 Uhr
4020 Linz		Do. 14.00 - 19.00 Uhr
	Arzt	Di. 15.00 - 16.00 Uhr
		u. n. Terminvereinbarung

Schwerpunkte: Familienplanung, Krebsberatung und Beratung bei sonstigen Erkrankungen

Außenstelle		
Keimstraße 1 (OÖ. GKK)		Mo. 14.00 - 16.00 Uhr
4810 Gmunden		

VEREIN SOZIALZENTRUM VÖCKLABRUCK

4840 Vöcklabruck, Gmundnerstraße 102, Tel.: 07672/75145 od. 75850, FAX 07672/758508

VÖCKLABRUCK	07672/27775	Mo. Do. 9.00 - 15.00 Uhr
Brucknerstraße 27	FAX 07672/277754	Do. 9.00 - 19.00 Uhr
4840 Vöcklabruck		u. n. Terminvereinbarung
		14 .00 - 16.00 Uhr
	ärztliche Beratung	nach Bedarf

Schwerpunkte: Paarprobleme, Scheidung/Trennung, Schwierigkeiten mit Kindern - „Kinderschutz“, finanzielle Probleme, Gewalt in der Familie

OBERÖSTERREICHISCHER FAMILIENBUND

4020 Linz, Weißenwolffstraße 17a, Tel.: 0732/785827, FAX 0732/759753

LINZ		
Ferdinand Marklstraße 4	0732/759753	Mo. 16.00 - 19.00 Uhr
4040 Linz		Do. 9.00 - 11.00 Uhr
	Arzt	1. u. 3. Fr. 16.00 - 18.00 Uhr
		u. n. Terminvereinbarung

Schwerpunkte: Sozialberatung, Familienpannenhilfe, Konfliktvermittlung, Rat in Sektenfragen

Außenstelle		
PREGARTEN	07236/7470	Mi. 8.00 - 10.00 Uhr
Tragweinerstraße 29		Fr. 15.00 - 19.00 Uhr
4230 Pregarten		

Schwerpunkte: Familiäre Probleme, Paarprobleme

ELTERN - KIND - ZENTRUM - WELS

4600 Wels, Salzburgerstraße 57, Tel.: 07242/55091

WELS		
Salzburgerstraße 57	Sozialarbeiterin	1. u. 3. Mo. 9.00 - 12.00 Uhr
4600 Wels	Still- u. päd. Beratung	jeden Mo. 9.00 - 12.00 Uhr
07242/55091		u. n. Terminvereinbarung
	Arzt	1. u. 3. Mo. 9.00 - 11.00 Uhr

Schwerpunkte: Familienplanung, Stillberatung, pädagogische und psychologische Beratung von Personen mit Kindern von 0 - 3 Jahren. Angebot für getrennt lebende Eltern ihr Besuchsrecht wahrzunehmen

VEREIN PFLEGE- UND ADOPTIVELTERN OÖ.

4020 Linz, Dametzstraße 43. Tel.: 0732/783251, FAX 0732/7832519

LINZ	0732/783251	Mo. - Fr. 9.00 - 12.00 Uhr
Dametzstraße 43		u. n. Terminvereinbarung
4020 Linz	ärztliche Beratung	nach telefonischer Vereinbarung
	Gruppenberatungen	telefonisch zu erfragen.

Schwerpunkte: Beratung für Familien, die Kinder betreuen, die nicht ihre leiblichen sind Pflegeeltern, Adoptiveltern, Tagesmütter, bzw. Paare mit unerfülltem Kinderwunsch, Familien deren Kinder von einer Tagesmütter betreut werden.

VEREIN FÜR PROPHYLAKTISCHE SOZIALARBEIT

4020 Linz, Hessenplatz 11/2. Stock, Tel.: 0732/777734 - 0, FAX 0732/77775822

LINZ		
Hessenplatz 11/2. Stock	0732/777734 - 0	Mo. - Fr. 8.30 - 12.00 Uhr
4020 Linz		Mo., Mi. 13.00 - 16.00 Uhr
		Di. 16.00 - 18.00 Uhr
		u. n. Terminvereinbarung

Schwerpunkte: Schuldnerberatung, Scheidungsberatung, Beratung bezüglich Spielsucht (Suchtberatung), Beratung bezüglich Delogierungsverhinderung, Haushaltspädagogik, Bildungsarbeit an Schulen

OÖ. LANDESWOHLTÄTIGKEITSVEREIN

4072 Alkoven, Anton - Strauch - Allee 1, Tel.: 07274/6536, FAX 07274/6536 - 323

ALKOVEN		
Anton-Strauch-Allee 1	07274/6536	Di.,. Do. 16.00 - 17.00 Uhr
4072 Alkoven		u. n. Terminvereinbarung
	Arzt	Mo. - Do. 9.00 - 12.00 Uhr

Schwerpunkte: Spezialisierung auf Menschen mit schweren geistigen und mehrfachen Behinderungen (für interne, externe und ambulante Behindertenbetreuung)

AUTISTENHILFE OÖ.

4020 Linz, Wiener Straße 30, Tel.: 0732/657195

LINZ		
Wiener Straße 30	0732/657195	Di. 17.30 - 18.30 Uhr
4020 Linz		Mi. 12.00 - 13.00 Uhr
	Arzt	1. u. 3. Di. 16.30 - 18.30 Uhr
	Gruppenberatungen	beim Verein tel.: zu erfragen.

Schwerpunkte: Behindertenberatung, Scheidung, Trennung

SALZBURG

AMT DER SALZBURGER LANDESREGIERUNG

Referat für Familienangelegenheiten
5020 Salzburg, Schwarzstraße 21/III
Tel.: 0662/871227, 8042 - 5421, Beratungstelefon 0662/871227

ABTENAU		
im Krankenhaus in den	06243/2300/30	1. u. 3. Do.
Räumen der Mutterberatung		14.00 - 18.00 Uhr
im Krankenhaus		
5441 Abtenau		

Schwerpunkte: Erziehungsberatung, Ablösungsproblematik

BISCHOFSHOFEN		
Gemeindeamt	06462/2801/33	1. Di.
5500 Bischofshofen		17.00 - 19.00 Uhr

Schwerpunkte: Partnerschaftsprobleme, Erziehungsprobleme

HALLEIN		
Neualmerstraße 17	06245/70150	jeden Di. 10.00 - 12.00 Uhr
5400 Hallein		14.00 - 19.00 Uhr
		2. Do. 8.30 – 12.30 Uhr
		14.00 – 17.30 Uhr
		Fr. 8.30 – 12.30 Uhr
		13.00 – 17.00 Uhr
KrH Gyn- Ambulanz	06245/70150	nach Terminvereinbarung.

Schwerpunkte: Erziehungsberatung, Familienplanung, Wöchnerinnenberatung

NEUMARKT/WALLERSEE		
Hauptschule, Mutterberatung	06216/5703	Di. 13.00 - 14.00 Uhr
5202 Neumarkt		Do. 17.00 - 19.00 Uhr

Schwerpunkte: Fragen und Probleme Jugendlicher und junger Erwachsenen, Erziehungsberatung, Paarprobleme, sozialrechtliche Fragen, Psychische Probleme

SAALFELDEN		
Sonderschule	06582/72512	1. Do. 9.00 - 12.00 Uhr
Leogangerstraße 39		16.00 - 18.00 Uhr
5760 Saalfelden	06542/760/240	n. t. V

Schwerpunkte: Generationsprobleme, Ehescheidungsprobleme

SALZBURG - STADT		
Bezirksgericht Salzburg	0662/8043/1554	Di. 8.30 - 12.30 Uhr
Rudolfsplatz 2/1 Zimmer 144		

5020 Salzburg
Schwerpunkte: Fragen der Obsorge, Besuchsrechtsregelung, Partnerschaftskonflikte, Ehescheidungsprobleme

SALZBURG - STADT

Landeskrankenhaus	0662/4482/2509	Mi. 16.00 - 19.00 Uhr
Ambulanz der Gyn. Abt.		
Müllner Hauptstraße 48		
5020 Salzburg		

Schwerpunkte: Familienplanung, Empfängnisregelung, Schwangerschaftskonfliktberatung, Sexualberatung, Projekt - Sexualaufklärung in den Schulen, Familienplanung, gynäkologische Erstuntersuchung

SALZBURG - STADT

Schwarzstraße 21/III	0662/8042/5421	Mo. - Fr. 8.30 - 12.00 Uhr
5020 Salzburg	871227	Di., Mi., Do. 14.00 - 16.00 Uhr
		Di - 19.00 Uhr
		Mo. 14.0 - 17.30 Uhr
	Sektenberatung	Mo. 15.00 - 18.00 Uhr
	Persönliche Beratung	nach Terminvereinbarung

Schwerpunkte: Partnerberatung, Erziehungsberatung, sozialrechtliche Beratung, Stützung von Schwangerschaften, Familienrechtsprobleme - insbesondere Ehescheidungsprobleme; Sektenberatung

ST. JOHANN/PONGAU

Neues Seniorenheim	06412/8437/17 od. 34	3. Do.
Spitalgasse 7		10.00 – 12.00 Uhr
5600 St. Johann/Pongau		14.00 - 19.00 Uhr
	06412/6101 Kl. 270	u. n. Terminvereinbarung.

Schwerpunkte: Partnerschaftsprobleme, Ehescheidungsprobleme, Erziehungsprobleme

ST. MICHAEL/LUNGAU

Volksschule (in den Räumen	06477/213	2. Do. 14.00 - 16.30 Uhr
der Mutterberatung)		4. Do. 14.00 - 19.00 Uhr
5582 St. Michael	06474/6541/240	u. n. Terminvereinbarung.

Schwerpunkte: Beratung in Erziehungsfragen, Generationskonflikte

TAMSWEG

Sozialzentrum - Pro Juventute Haus	06474/8273/14	2. und 4. Do. 10 - 12 Uhr
5580 Tamsweg 126		und Do. 14 - 18.30 Uhr
Krankenhaus Gyn- Ambulanz	06474/7381/171	Mi. 16 - 17 Uhr

Schwerpunkte: Partnerberatung, Scheidungsfragen, sozial - wirtschaftliche Fragen

ZELL am SEE		
Saalfeldner Straße 10	06542/760/267	Mi. 9.00 - 12.00 Uhr
Parterre		14.00 - 18.00Uhr
5700 Zell/See		1. Do 14.00 - 19.00 Uhr
		3. Di 16.00 - 18.00 Uhr
		4. Di 9.00 - 11.00 Uhr
	06542/3611/240	u. n. Terminvereinbarung

Schwerpunkt: Partnerschafts-, Ehescheidungs-, Erziehungs- und psychische Probleme

ZELL am SEE		
Saalfeldner Straße 10	06542/760/267	Mi. 9.00 - 12.00 Uhr u.
Parterre		14.00 - 18.00Uhr
5700 Zell/See		1. Do 14.00 - 19.00 Uhr
		3. Di 16.00 - 18.00 Uhr
	06542/3611/240	4. Di 9.00 - 11.00 Uhr u. n. V

Schwerpunkte: Partnerschafts-, Ehescheidungs-, Erziehungs- und psychische Probleme

KOKO

Kontakt- und Kommunikationszentrum für Kinder

5020 Salzburg, Vogelweiderstraße 19, Tel.: 0662/877196

SALZBURG		
Vogelweiderstraße 19	0662/877420/17	Di. 16.00 – 18.00 Uhr
	0662/ 87 71 96	9.00 - 14.00 Uhr (n. V.)

HALLEIN		
Krankenhaus Hallein		Di. u. Mi 12.00 - 13.00 Uhr

Schwerpunkte: Kinder, Eltern, Bezugspersonen, Erzieher, psychologische Entwicklungsdiagnostik, Beratung Entwicklungsdefizite, Probleme Kinder/Erziehung

SALZBURG		
Franz - Josef - Straße 20	0662/877196	Di. 16.30 - 18.30 Uhr
5020 Salzburg		Mo. 9.00 - 14.00 Uhr (n. V.)

Schwerpunkte: Zentrale Anlaufstelle, Alleinstehende und/oder alleinerziehende Frauen und Männer, Scheidung, Trennung, sonstige Konfliktsituation, Rechtsfragen

SALZBURG		
Werkstättenstraße 4	0662/453266	Mi. 16.30 - 18.30 Uhr
5020 Salzburg		
Außenstelle Wartelsteinstraße 1	0662/8436369 - 21	letzter. Do. 17.00 - 19.00 Uhr
Anmeldungen täglich	0662/877196	9.00 - 14.00

Schwerpunkte: Psychologische Beratung vor allem krisengefährdete Kinder, Jugendliche und deren Bezugspersonen, Konfliktbewältigung

SEELSORGEAMT DER ERZDIÖZESE SALZBURG

5020 Salzburg, Kapitelplatz 2, Tel.: 0662/84 25 91

SALZBURG		
Elisabethstraße 10	0662/876183	Mo. 17.00 - 19.00 Uhr
5020 Salzburg	mit Anmeldung	Mo - Fr 8.00 - 20.00 Uhr
		u. n. Terminvereinbarung

Schwerpunkte: Paarberatung, Familienberatung, Beratung junger Erwachsener, Besuch von Schulklassen an der Beratungsstelle

SALZBURG		
Franz Josef - Straße 21	0662/876521	Mo.
5020 Salzburg		17.00 - 19.00 Uhr
	mit Anmeldung	Mo. - Fr. 8.00 - 20.00 Uhr

Schwerpunkte: Paarberatung, Familienberatung, natürliche Familienplanung

ZELL am SEE		
Bräuschmiedsteig 4	06542/3223	Mi.
5700 Zell/See		17.00 - 19.00 Uhr
	mit Anmeldung	Mo. - Fr. 8.00 - 20.00

Schwerpunkte: Paarberatung, Familienberatung, Lebensberatung

INSTITUT FÜR FREIZEIT-, KULTUR- uND SOZIALENTWICKLUNG

Forschung - Beratung - Aktivierung

5020 Salzburg, Georg - Kropp - Straße 36, Tel.: 0662/625775, FAX 0662/621189

SALZBURG		
Georg - Kropp - Straße 36	0662/625 775	Di. 10.00 - 12.00 Uhr
		u. n. Terminvereinbarung

Schwerpunkte: psychoziale Beratung, Beratung bei Konflikten in Familie, Partnerschaft/, Beruf, Schule, Erziehungsberatung

Zweigstelle		
Schumacherstraße 20,	0662/430132,	Di. 10.00 - 11.30 Uhr
		u. n. Terminvereinbarung

Schwerpunkt: Jugendberatung

Zweigstelle		
Kleßheimeralle 87,	0662/437925,	Mi. 10.00 - 12.00 Uhr
		u. n. Terminvereinbarung

Schwerpunkt: Jugendberatung

SEXUALBERATUNGSSTELLE

5020 Salzburg, Auerspergstraße 10/30, Tel.: 0662/870870

SALZBURG		
Auerspergstraße 10/30	0662/870870	Mo. 16.00 - 18.00 Uhr
5020 Salzburg		Di. - Fr. 11.00 - 13.00 Uhr
		u. n. Terminvereinbarung

Schwerpunkte: Sexualprobleme und Sexualstörungen aller Art, Sexualmedizinische Fragen (Gynäkologie, Urologie, Psychosomatik, etc.), Aufklärungs-, Verhütungs- und Schwangerschaftskonfliktberatung

CARITASVERBAND DER ERZDIÖZESE SALZBURG

5020 Salzburg, Universitätsplatz 7/1, Tel.: 0662/849373

SALZBURG		
Siezenheimerstraße 7	0662/434633	Mo. 8.00 - 11.00 Uhr
5020 Salzburg		15.00 - 19.00 Uhr
		Di. 9.00 - 12.00 Uhr
		17.00 - 19.00 Uhr
		Mi. 9.00 - 13.00 Uhr
		14.00 - 17.00 Uhr
		Do. 10.00 - 16.00 Uhr
		19.00 - 20.00 Uhr
		Fr. 8.00 - 14.00 Uhr
		und nach Bedarf
	Anmeldezeiten	Mo. 18.00 - 19.00 Uhr
		Fr. 11.00 - 12 00 Uhr

KINDERSCHUTZZENTRUM SALZBURG

5020 Salzburg, Rudolf Biebl - Straße 50, Tel.: 0662/44911, FAX 0662/49911 - 61

SALZBURG		
Rudolf Biebl - Straße 50	0662/44911	Mo. - Fr.
5020 Salzburg		8.00 - 17.00 Uhr
		abends u. Sa. nach Vereinbarung

Schwerpunkte: Familienberatung vorbeugend und als Krisenintervention bei Mißhandlung, sexuellem Mißbrauch und Vernachlässigung von Kindern, Familienkrisenhilfen

LEBENSHILFE SALZBURG

5020 Salzburg, Gerhard Hauptmann-Str. 30, Tel.: 0662/820984 und 820317

SALZBURG		
Itzlinger Hauptstraße 34	0662/458296	Mo. 9.00 - 12.00 Uhr
5020 Salzburg		Di. 13.00 - 16.00 Uhr

Schwerpunkte: Beratung behinderter Menschen und ihrer Angehörigen

VEREIN "VIELE FRAUEN"

5020 Salzburg, Auerspergstraße 51, Tel.: 0662/870211, FAX 0662/886399

SALZBURG		
Auerspergstraße 51	0662/870211	Mo. - Fr. 9.00 - 12.00 Uhr
5020 Salzburg		Di. 14.00 - 16.00 Uhr u. n. V
	Arzt	2. Do. 16.00 - 18.00 Uhr u. n. V

Schwerpunkte: Beratung von ausländischen Frauen und Mädchen, bikulturelle Partnerschaften und Familien, integrative Elternberatung, Beratung von Frauen und Familien in Gewalt-, Trennungs- und Scheidungssituationen

UDRUZENJE "VIELE FRAUEN" — *Tezite Savetovanje stranih djevojaka i zena u pravnim, socijalnim, osobnim, bracnim i familijarnim (obiteljskim) pitanjima*

ULUSLARARASI KADINLAR MERKEZINDE — *Esas olarak bu kanularda Danismanlik, yabanci genckizlar kadinlar ve ailelerin, kanuni, sosyal, kisisel, esleriyle ilgilive ailevi sorularinda yardimici olunur*

PRO JUVENTUTE

5013 Salzburg, Fischergasse 17, Tel 0662/431355, FAX 0662/431355 - 32

SALZBURG		
Fischergasse 17	0662/431355 - 41	Mo. - Fr.
5013 Salzburg		8.00 - 13.00 Uhr

Telefonische Terminvereinbarung notwendig!

Schwerpunkte: Psychotherapeutische, juristische, soziale und medizinische Beratung für Einzelpersonen, Paare, Familien und Jugendliche bei schwierigen Lebensphasen, Generationskonflikten, Erziehungsfragen, Paar- und Partnerschaftsthemen, aktuellen Krisen und Konfliksituationen, familien- und jugendrechtlichen Fragen, Fragen zu Sexualität und Gesundheit, Mediation für Scheidungs-, Trennungspaare

AKTION LEBEN

5020 Salzburg, Hellbrunner Straße 13, Tel.: 0662/627984, FAX 0662/627984 - 20

SALZBURG		
Hellbrunner Straße 13	0662/627984	Büro: Mo. - Do. 9.00 - 13.00 Uhr
5020 Salzburg		Mi. 14.00 - 17.00 Uhr
	Beratungszeiten	Mi. 17.00 - 19.00 Uhr
		u. n. Terminvereinbarung

Schwerpunkte: Schwangerschaftskonfliktberatung, Hilfe bei Problemen in/wegen Schwangerschaft

STEIERMARK

AMT DER STEIERMÄRKISCHEN LANDESREGIERUNG

Rechtsabteilung 9 - Referat Sozialarbeit
8011 Graz, Paulustorgasse 4, Tel.: 0316/877/3537

BRUCK a. d. MUR
Lkh, Tragößer Str. 1 — 03862/55555/2464 — Mi. 14.00 - 16.00 Uhr
8600 Bruck/Mur — Fr. 10.00 - 12.00 Uhr
Schwerpunkte: Empfängnisverhütung, Familienplanung, Fragen des Schwangerschaftsabbruchs

LEIBNITZ
Kadagasse 12/Part. — 03452/82911-250/252 — Mi. 17.00 - 19.00 Uhr
8430 Leibnitz
Schwerpunkt: Scheidungsberatung

LEOBEN
Gyn. gebh. Abtlg. KrH — 03842/44571/382 — Fr. 10.00 - 12.00 Uhr
Vordernberger Straße 42
8700 Leoben
Schwerpunkte: Empfängnisverhütung, Familienplanung, Fragen des Schwangerschaftsabbruchs spezifische Frauenprobleme, Sterilität, Sozialfürsorge, Familienrecht

MURAU
Schillerplatz 7 — 03532/2101/242 — Di. 16.00 - 18.00 Uhr
8850 Murau
Schwerpunkte: Probleme des Familienrechtes, Scheidung, Beratung bei Besuchsregelungen und Unterhaltsfragen, Generationenprobleme, etc.

GRAZ
Geburtsh. - gynäkolog. — 0316/385/2429 — Mi. 14.30 - 16.30 Uhr
Univ. Klinik — Sa. 8.00 - 10.00 Uhr
Auenbruggerplatz 14
8036 Graz
Schwerpunkte: Empfängnisverhütung, Familienplanung, Fragen bezüglich des Schwangerschaftsabbruchs, Schwangerschaftskonfliktberatung, Migrationsprobleme

HARTBERG
Rochusplatz 2 — 03332/606/255 — Di. 16.00 - 18.00 Uhr
8230 Hartberg

MAGISTRAT DER STADT GRAZ
Amt für Jugend und Familie
8011 Graz, Schmiedgasse 26, Tel.: 0316/872/3100

GRAZ		
Kaiserfeldgasse 17	0316/848858	Mo. 8.00 - 9.30 Uhr
8010 Graz		Do. 11.30 - 13.00 Uhr
		u. n. Terminvereinbarung

Schwerpunkt: Familientherapeutisch orientierte Beratung in besonderen familiären Belastungssituationen, juristische Beratung

STADTGEMEINDE DEUTSCHLANDSBERG
8530 Deutschlandsberg, Hauptplatz 35, Tel.: 03462/2011/213

DEUTSCHLANDSBERG		
Hauptplatz 35	03462/2011	Do. 17.00 - 19.30 Uhr
8530 Deutschlandsberg		
2. LKrH, Gebh. gyn. Abt.	03462/4411/0	Di. 16.00 - 18.30 Uhr
Radlpaßstraße 29		
8530 Deutschlandsberg		

Schwerpunkte: Familienplanung, Scheidungs- und Rechtsberatung

FAMILIEN- uND LEBENSBERATUNGSZENTRUM LIEZEN
8940 Liezen, Am Fuchshof 4/1, Tel.: 03612/2801/351

LIEZEN		
Am Fuchshof 4/1	03612/2801/351	Di. 16.30 - 19.00 Uhr
8940 Liezen		

Schwerpunkte: Ehe/Partnerberatung, Kinder- und Jugendberatung

BAD AUSSEE		
Chlumeckyplatz 1	03622/52543/23	Fr. 16.30 - 18.30 Uhr
8990 Bad Aussee		

INSTITUT FÜR FAMILIENBERATUNG UND PSYCHOTHERAPIE DER DIÖZESE GRAZ - SECKAU

8011 Graz, Mesnergasse 5. Tel.: 0316/825667

GLEISDORF

Franz Josef - Straße 1/I	03112/5654	Do. 9.00 - 11.00 Uhr
8200 Gleisdorf		17.00 - 19.00 Uhr

Schwerpunkte: Schwangerschafts- und Partnerkonfliktberatung, Sexualprobleme, Erziehungsprobleme, Familienplanung, psychische Schwierigkeiten, Familienrechtsfragen

HARTBERG

Hauptplatz 13	03332/633 99	Mi. 9.00 - 11.00 Uhr
8230 Hartberg		17.00 - 19.00 Uhr

Schwerpunkte: Schwangerschafts- und Partnerkonfliktberatung, Sexualprobleme, Erziehungsprobleme, Familienplanung, psychische Schwierigkeiten, Familienrechtsfragen

KAPFENBERG

Wiener Straße 46	03862/24957	Mo. 9.00 - 11.00 Uhr
8605 Kapfenberg		17.00 - 19.00 Uhr

Schwerpunkte: Schwangerschafts- und Partnerkonfliktberatung, Sexualprobleme, Erziehungsprobleme, Familienplanung, psychische Schwierigkeiten, Familienrechtsfragen

KÖFLACH

Hans Klöpfer Platz 6	03144/3865	Di. 9.00 - 11.00 Uhr
8580 Köflach		17.00 - 19.00 Uhr

Schwerpunkte: Schwangerschafts- und Partnerkonfliktberatung, Sexualprobleme, Erziehungsprobleme, Familienplanung, psychische Schwierigkeiten, Familienrechtsfragen

LEOBEN

Franz Josef - Straße 21/I	03842/45151	Di. 9.00 - 11.00 Uhr
8700 Leoben		17.00 - 19.00 Uhr

Schwerpunkte: Schwangerschafts und Partnerkonfliktberatung, Sexualprobleme, Erziehungsprobleme, Familienplanung, psychische Schwierigkeiten, Familienrechtsfragen

GRAZ

Carnerigasse 34	0316/671388	Mo. 9.00 - 11.00 Uhr
8010 Graz		17.00 - 19.00 Uhr

Schwerpunkte: Schwangerschafts- und Partnerkonfliktberatung, Sexualprobleme, Erziehungsprobleme, Familienplanung, psychische Schwierigkeiten, Familienrechtsfragen

GRAZ

Mesnergasse 5	0316/825667	Mi. 9.00 - 11.00 Uhr
8010 Graz		17.00 - 19.00 Uhr

Schwerpunkte: Schwangerschafts- und Partnerkonfliktberatung, Sexualprobleme, Erziehungsprobleme, Familienplanung, psychische Schwierigkeiten, Familienrechtsfragen

BAD RADKERSBURG
Pfarrgasse 11 | 03476/3115 | Fr. 9.00 - 11.00 Uhr
8490 Bad Radkersburg | | 17.00 - 19.00 Uhr
Schwerpunkte: Schwangerschafts- und Partnerkonfliktberatung, Sexualprobleme, Erziehungsprobleme, Familienplanung, psychische Schwierigkeiten, Familienrechtsfragen

STEIRISCHER FAMILIENBUND
8010 Graz, Mondscheingasse 8/3/5, Tel.: 0316/830318

GLEINSTÄTTEN
Alter Bahnhof 72 | 03457/2155 | Do. 17.00 - 19.00 Uhr
8443 Gleinstätten | Notruf 2155 - 21 | u. n. Terminvereinbarung
Schwerpunkte: Familienplanung und Sexualberatung, Kinder- und Jugendberatung, Gruppenberatung (themenzentriert, lt. Arbeitsmappe) Jugend - Familien - Elternberatung, Krisenintervention bei Gewalt, Schwangerenberatung, Kinderwunsch

ST. STEFAN i. ROSENTAL
Parkring 1 | 03116/81210 | Fr. 18.00 - 20.00 Uhr
8083 St. Stefan i. Rosental | | u. n. Terminvereinbarung
Schwerpunkte: Familien-, Partnerberatung, Familienplanung und Sexualberatung, Beratung in Erziehungsfragen, Kinder- und Jugendberatung, Beratung bei Gewalt in der Familie, Schwangerenberatung, Familienrechtsangelegenheiten, Einzel- und Gruppenberatung

FÜRSTENFELD
Schillerplatz 5 | 03382/55268 | Frei. 15.00 - 18.00 Uhr
8280 Fürstenfeld | (0316/830318) | u. n. Terminvereinbarung
Schwerpunkt: Psychosoziale Beratung

FELDBACH
Schillerstraße 3 | 03152/3629 | Mi. 18.00 - 20.00 Uhr
8330 Feldbach | (0316/830318) | u. n. Terminvereinbarung
Schwerpunkte: Familienplanung, Eheberatung, psychosoziale Beratung

JUGEND AM WERK
8020 Graz, Kärntnerstraße 25, Tel.: 0316/916724

VOITSBERG
Ludeschergasse 10 | 03142/26 7 50 | Mo., Do. 9.00 - 12.00 Uhr
8570 Voitsberg | | Mi. 15.00 - 18.00 Uhr
Schwerpunkte: Suchtberatung, Schuldnerberatung, Alleinerzieher, ganzheitliche Familienberatung

VEREIN FÜR PRAKTISCHE SOZIALMEDIZIN
8041 Graz, Liebenauer Hauptstraße 104a, Tel.: 0316/462340

GRAZ
Liebenauer Hauptstr. 104a — 0316/462341 — Do. 19.00 - 21.00 Uhr
8041 Graz — u. n. Terminvereinbarung
Schwerpunkte: Familienplanung, psychosomatische Störungen, Scheidungsberatung, Sexualberatung, Erziehungsberatung

PFLEGEELTERNVEREIN STEIERMARK
8010 Graz, Prokopigasse 10, Tel.: 0316/822433

GRAZ
Prokopigasse 10 — 0316/822433 — Di. , Do. 17.00 - 19.00 Uhr
8010 Graz — u. n. Terminvereinbarung
Schwerpunkte: Beratung von Pflege- und Adoptivfamilien in sozialen, rechtlichen und psychologischen Fragen im Gruppen- und Einzelberatungssetting, Beratung von Alleinerziehern, Stief- und Scheidungsfamilien, Sorgerechtsregelungen

CARITAS DER DIÖZESE GRAZ - SECKAU
8011 Graz, Raimundgasse 16, Tel.: 0316/8015

GRAZ
Leonhardstraße 114 — 0316/325303 — Di. 9.00 - 11.00 Uhr
8010 Graz — Mi. 17.00 - 19.00 Uhr
Juristische Beratung — Do. 17 - 19 Uhr
Medizinische Beratung — 1. u. 3. Mi 17 - 19 Uhr
Do. 14.00 - 17.00 Uhr
u. n. Terminvereinbarung
Schwerpunkte: Umfassende Beratung und Unterstützung von Schwangeren und Müttern/Paaren mit Kleinkindern bei psychischen, rechtlichen, wirtschaftlichen und medizinischen Fragen und Problemen wie ungeplante oder schwierige Schwangerschaft, Beziehungsprobleme, Überforderungen Gesprächsmöglichkeiten für Frauen nach einem Schwangerschaftsabbruch, Information und Beratung über Verhütungsmethoden

ÖSTERREICHISCHE GESELLSCHAFT "RETTET DAS KIND"
Landesverband Steiermark
8010 Graz, Kalchberggasse 1, Tel.: 0316/831690

MÜRZZUSCHLAG
Grazerstraße 20 — 03852/4707 — Mo., Di., Do., 9.00 - 17.00 Uhr

8680 Mürzzuschlag		Mi. , Fr. 8.00 - 12.00 Uhr

Schwerpunkte: Scheidungs-, Sucht-, Familien- und Partnerberatung, Jugendberatung

KAPFENBERG

Wiener Straße 60	03862/224130	Mo., Di., Do. 8.00 - 17.00 Uhr
8605 Kapfenberg		Fr. 8.00 - 12.00 Uhr

Schwerpunkte: Scheidungsberatung, Rainbowsgruppe, AlleinerzieherInnentreffen, Gewalt, Mißbrauch, Beratung von schwangeren Mädchen, Stillgruppe, Erziehungsberatung

LEOBEN

Hauptplatz 6/2. Stk.	03842/47012	Mo. 10.00 - 18.00 Uhr
8700 Leoben		Di., Mi., Fr. 9.00 - 12.00 Uhr
		Do. 9.00 - 18.00 Uhr

Schwerpunkte: Ehe- und Partnerberatung, Erziehungsberatung, Rainbows, Familienberatung, Familienplanung, Geburtsvorbereitung, Alleinerzieherarbeit

DEUTSCHLANDSBERG

Poststraße 3	03462/6830	Mo. Do. 9.00 - 18.00 Uhr
8530 Deutschlandsberg		Di. Mi. Fr. 9.00 - 12.00 Uhr

Schwerpunkte: Sexual-, Behinderten-, Jugend- u. Scheidungsberatung

WEIZ

Florianigasse 3	03172/42580	Mo. Do. 9.00 - 17.00 Uhr
8160 Weiz		Di. 9.00 - 18.00 Uhr
		Fr. 9.00 - 12.00 Uhr

VEREIN FÜR PSYCHISCHE UND SOZIALE LEBENSBERATUNG

8750 Judenburg, Liechtensteingasse 1/1, Tel.: 03572/83980

JUDENBURG

Liechtensteingasse 1	03572/83980	Mo. 9.00 - 11.00 Uhr und
8750 Judenburg		16.00 - 19.00 Uhr
		1. u. 3. Di. 9.00 - 13.00
		15.00 - 17.00 Uhr
		Do. 16.00 - 18.00 Uhr
	Arzt	2. u. 4. Di. 18.00 - 20.00 Uhr
		Fr. 14.00 - 16.00 Uhr

Schwerpunkte: Sexual-, Jugend-, Sucht- und Scheidungsberatung

KNITTELFELD

Dr. Theodor Körner - G. 7	03512/83922	Mo. 15.00 - 18.00 Uhr
8720 Knittelfeld		Di. 16.00 - 18.00 Uhr
		Do. 16.00 - 19.00 Uhr
		Frei. 9.00 - 11.00 Uhr

Schwerpunkte: Sexual-, Jugend-, Sucht- und Scheidungsberatung

VEREIN "SOZIAL- UND BEGEGNUNGSZENTRUM ST. LEONHARD"
8010 Graz, Maiffredygasse 4, Tel.: 0316/382131

GRAZ		
Maiffredygasse 4	0316/382131	Do. 18.00 - 20.00 Uhr
8010 Graz		

Schwerpunkte: Partner- und Paarberatung vor, während und nach einer Trennung bzw. Scheidung, Beratung für ältere Menschen und pflegende Angehörige

INSTITUT FÜR FAMILIENERZIEHUNG
8043 Graz, Mariatroster Straße 41, Tel.: 0316/386210

GRAZ		
Mariatroster Str. 41	0316/386210	Do. 10.00 - 12.00 Uhr
8043 Graz		Termine nach Vereinbarung
	Sekretariat	Mo. - Fr. 10.00 - 12.00 Uhr

Schwerpunkte: Familien- und Erziehungsberatung Beratung bei Scheidungen Checkliste für Scheidungseltern

LEBENSHILFE STEIERMARK
8020 Graz, Quergasse 5, Tel.: 0316/915895

GRAZ		
Karlauerstraße 47	0316/773294	Mi. 15.00 - 18.00 Uhr
8020 Graz		Mo., Di., Mi., Fr.,
		9.00 - 11.00 Uhr
		u. n. Terminvereinbarung

Schwerpunkte: Beratung und Unterstützung von geistig- und mehrfachbehinderten Menschen und ihrer Angehörigen (+Umfeld), Beratung in Beziehungs- und Partnerproblemen, Hilfe und Beratung in psychischen Krisen und Notlagen, Sozial- und sozialrechtliche Beratung, juristische Beratung, Familienplanung, Schwangerenberatung, Anliegen der Familie

KINDERSCHUTZZENTRUM - VEREIN HILFE FÜR KINDER UND ELTERN
8010 Graz, Mandellstraße 18/2, Tel.: 0316/831941

GRAZ		
Mandellstraße 18/2	0316/831941	Mo. - Do. 10.00 - 16.00 Uhr
8010 Graz		Fr. 10.00 - 15.00 Uhr
	Ärztliche Beratung	nach Vereinbarung

Schwerpunkte: Gewalt in der Erziehung, psychische und physische Mißhandlung, Vernachlässigung und sexueller Mißbrauch familiäre und strukturelle Gewalt an Kindern

B. A. S. - STEIRISCHER VEREIN FÜR SUCHTKRANKENHILFE
8010 Graz, Schönaugürtel 53, Tel.: 0316/821199

GRAZ
Schönaugürtel 53 | 0316/821199 | Mo. 16.00 - 19.00 Uhr
8010 Graz | | Do. 15.00 - 17.00 Uhr
Schwerpunkte: Familien- und Partnerberatung von Suchtkranken und deren Angehörigen (Alkohol, Medikamente, illegale Drogen, Glücksspiel, Eßstörungen)

PROJEKT ALPHA NOVA
8302 Nestelbach, Dorfstraße 3, Tel.: 03133/2943

KALSDORF
Römerstraße 92 | 03135/56382 - 13 | Di. 16.00 - 18.00 Uhr
8401 Kalsdorf | | u. n. Terminvereinbarung
Schwerpunkte: Schwangerschaft, Geburt, junge Eltern, Leben mit Behinderung

VEREIN MAFALDA
8010 Graz, Glacisstraße 9/I, Tel.: 0316/337300 - 0

GRAZ
Glacisstraße 9/I | 0316/337300 - 0 | Mo., Di., Fr., 10.00 - 12.00 Uhr
8010 Graz | | Di. 15.00 - 17.00 Uhr
| | Do. 15.00 - 20.00 Uhr
Schwerpunkte: Beratung und Begleitung von Mädchen und jungen Frauen im Alter von 13 - 19 Jahren, familiäre Probleme und Schwierigkeiten im sozialen Umfeld. Gewalt in der Famili, mädchenspezifische Beratung zu Verhütung, Sexualität, Schwangerschaft und Schwangerschaftskonflikten

PRO JUVENTUTE
5013 Salzburg, Fischergasse 17, Tel.: 0662/431355

LIEZEN
Salzstraße 7 | 03612/26322 | Mo. 10.00 - 18.00 Uhr
8940 Liezen | | Di., Do. 9.00 - 18.00 Uhr
| | Mi., Fr 9.00 - 13.00 Uhr
Schwerpunkte: Beratung von Familien in Krisensituationen, Partnerschaftskonflikte, Scheidungsberatung, Kinder- und Jugendberatung, Erziehungsproblematik, psychiatrische Probleme, gynäkologische Beratung mit Schwerpunkt: junge Mädchen und Burschen (Familienplanung), pädagogische und psychologische Beratung, Frauenberatung

VEREIN „SCHNELLES NETZ“
8010 Graz, Geidorfplatz 2, Tel.: 0316/359910

GRAZ
Geidorfplatz 2 0316/359910 Mo., Mi., Fr. 9.00 - 17.00 Uhr
8044 Graz
Schwerpunkte: Frühzeitige Aufklärung und Beratung betroffener Eltern/Familien über Entwicklungsstörungen bzw. Behinderungen und Verhaltensstörungen und ihre Folgen, Förderungsmöglichkeiten, Krisenintervention , Schulberatung

TIROL

VEREIN "TIROLER FRAUENHAUS FÜR MISSHANDELTE FRAUEN UND KINDER"
6071 Aldrans, Dorf 31
Tel.: 0512/342112, FAX 0512/583548
Notrufnummer rund um die Uhr: 0512/342112

ALDRANS

Dorf 31 6071 Aldrans	0512/342112	Mo. 10.00 - 16.00 Uhr Mi. 13.00 - 20.00 Uhr Do. 16.00 - 21.00 Uhr Fr. 10.00 - 20.00 Uhr u. n. V.
	Arzt	Mo. 15.00 - 16.00 od. 14.00 - 16.00 Uhr 14 - täglich und nach Bedarf

Schwerpunkte: Beratung von Frauen in Trennungssituationen von ihrem Partner, Beratung über zukünftige Lebensplanung und Gestaltung. Paar- und Familiengespräche, Erziehungsberatung, Gewalt in der Familie

TIROLER SOZIALDIENST
6020 Innsbruck, Pradlerplatz 6 a, Tel.: 0512/345282, FAX 0512/34 52 82 - 2

ÖTZTAL - BAHNHOF

Erich Schaber - Weg 1a 6430 Ötztal	05266/87491/22	Mo. 17.00 - 19.00 Uhr

Schwerpunkte: Autogenes Training, "Schlank ohne Diät", Erziehungsprobleme, Beratung bei Scheidung und Rechtsstreitigkeiten

INNSBRUCK

Pradlerplatz 6a 6020 Innsbruck	0512/345282	Mi. 17.00 - 20.00 Uhr

Schwerpunkte: "Schlank ohne Diät", Kinderschutzzentrum - Jugendberatung, Schwangerschaftsberatung - zwei Coronargruppen

REUTTE

Obermarkt 53/I 6600 Reutte	05672/63352	Do. 15.00 - 19.00 Uhr

Schwerpunkte: Kinderpsychologische Beratung, psychologische Individualberatung, Rechtsberatung

ZAMS

Alte Bundesstraße 2 6511 Zams	05442/67468	Di. 13.00 - 15.00 Uhr

ZENTRUM FÜR EHE- UND FAMILIENFRAGEN

6020 Innsbruck, Anichstraße 24/II, Tel.: 0512/580871, FAX 580176

HALL

Erlerstraße 2	05223/42948	Di. 9.30 - 11.30 Uhr
6060 Hall	Rechtsberatung	4. Di. 9.30 - 11.00 Uhr
	Bezirksgericht Schwaz	Di. 9.00 - 12.00 Uhr
Außenstelle	Bezirksgericht Hall	Di. 8.30. - 12.00 Uhr

Schwerpunkte: Familien-, Partnerschafts- und Lebensberatung (Familienplanung, Sexualberatung, Rechtsberatung); Jugendberatung, kinderpsychologische Beratung, Fachbibliothek; Scheidungsberatung direkt am Bezirksgericht Hall

INNSBRUCK

Anichstraße 24	0512/580871	Mo. - Do. 9.00 - 13.00
6020 Innsbruck		14.00 - 18.00 Uhr
		Fr. 9.00 - 12.00 Uhr
		u. n. Terminvereinbarung

Schwerpunkte: Familien-, Partnerschafts- und Lebensberatung (Familienplanung, Sexualberatung, Rechtsberatung) Jugendberatung, kinderpsychologische Beratung, Fachbibliothek

INNSBRUCK

Meinhardstraße 5/5	0512/584072	Mo. 9.00 - 11.00 Uhr
6020 Innsbruck	oder 580871	u. n. Terminvereinbarung
Außenstelle Silz	Bezirksgericht Silz	2. u. 4. Di. 8.30. - 12.00 Uhr

Schwerpunkte: Familien-, Partnerschafts- und Lebensberatung (Familienplanung, Sexualberatung, Rechtsberatung) Jugendberatung

LIENZ

Albin Eggerstr. 18	04852/65569	Mo. - Do. 8.00 - 12.00 Uhr
9900 Lienz		15.00 - 19.00 Uhr
		u. n. Terminvereinbarung

Schwerpunkte: Familien-, Partnerschaft- und Lebensberatung (Familienplanung, Sexualberatung, Rechtsberatung) Jugendberatung, kinderpsychologische Beratung

SCHWAZ

Christoph - Anton -	05242/73351	Di. 15.00 - 17.00 Uhr
Mayrweg 7	Bezirksgericht Schwaz	Di. 8.30 - 12.00 Uhr
6130 Schwaz		

Schwerpunkte: Jugend- und Erziehungsberatung

KEMATEN

Dorfplatz 1	0512/580871	Mi. 15.00 - 17.00 Uhr
6175 Kematen		u. n. Terminvereinbarung

FULPMES

Bahnstraße 18	Rechtsberatung	1. Di. im Monat
6166 Fulpmes	Familienberatung	n. Terminvereinbarung.
Bezirksgericht Innsbruck		Di. 8.30 - 12.00 Uhr

Schwerpunkte: Familien-, Partnerschaft- und Lebensberatung (Familienplanung, Sexualberatung, Rechtsberatung) Jugendberatung, kinderpsychologische Beratung

VEREIN FÜR FAMILIEN- UND PARTNERBERATUNG

6071 Aldrans, Mühlweg 3, (Dr. Peter KILGA), Tel.: 05222/48091

INNSBRUCK

An der Lan - Straße 33/9	0512/264869	Mo., Mi., Do. 9.00 - 12.00 Uhr
6020 Innsbruck		17.00 - 20.00 Uhr
		u. n. Terminvereinbarung

Schwerpunkte: Arbeit mit Familien, Paaren, Teilfamilien, Familien-, Partner-, Erziehungsprobleme

VEREIN ZUR FÖRDERUNG DES JUGENDZENTRUMS Z6

6020 Innsbruck, Dreiheiligenstraße 9, Tel.: 0512/562715, FAX 0512/580808

INNSBRUCK

Dreiheiligenstraße 9	0512/562715	Di., Fr. 14.00 - 16.00 Uhr
6020 Innsbruck		Di. - Sa. 18.00 - 22.00 Uhr
		u. n. Terminvereinbarung

Schwerpunkte: Die Beratungstätigkeit ist einerseits als integrierte Jugend- und Elternberatung, die aus dem offenen Jugendzentrumsbetrieb heraus entsteht, zu verstehen. Anderseits werden außerhalb des Z6 die FBS gemeinsam mit der Drogenberatung beworben unter dem Motto "schwindelfrei", Beratungsstelle für Jugendprobleme

INSIEME -
VEREIN ZUR FÖRDERUNG SOZIALÖKONOMISCHER AUSBILDUNGSBETRIEBE

6020 Innsbruck, Templstraße 2/III. Tel.: 0512/561636, FAX 0512/572137

INNSBRUCK

Templstraße 2/3	0512/561636	Di. Mi. 9.30 - 12.30 Uhr
6020 Innsbruck		Do. 16.00 - 19.00

Schwerpunkte: Beratung bei aktuellen Problemen am Arbeitsplatz, bei der Arbeitssuche, Berufsplanung, Arbeitslosigkeit, Beratung von Müttern ohne Ausbildung bei beruflichem Wiedereinstieg; Schwangerenberatung, Beratung von werdenden Müttern mit sozialen und wirtschaftlichen Schwierigkeiten

AEP - ARBEITSKREIS EMANZIPATION UND PARTNERSCHAFT e. V.

6020 Innsbruck, Wallpachgasse 5
Postadresse Leopoldstr. 31 a, Tel.: 0512/341193, FAX 0512/583896

INNSBRUCK

Leopoldstraße 31a/II	0512/573798	Mo. 16.00 - 19.00 Uhr
6020 Innsbruck		Di. 17.00 - 19.00 Uhr
		Do., Fr. 9.00 - 12.00 Uhr
		17.00 - 19.00 Uhr

Schwerpunkte: Frauen und Paare in Beziehungskonflikten, in Krisensituationen, soziale und rechtliche Beratung zu Scheidung, Mutterschutz, Karenz sowie Schwangerschaftskonfliktberatung

VEREIN "HEILPÄDAGOGISCHE FAMILIEN"

6020 Innsbruck, Mentlgasse 12 A, Tel.: 0512/580004, FAX 0512/580004 - 12

INNSBRUCK

Mentlgasse 12 a	0512/580004	Mo. - Fr. 8.30 - 11.30 Uhr
6020 Innsbruck		Do. 18.00 - 20.00 Uhr
		u. n. Terminvereinbarung

Schwerpunkte: Beratung von Pflegeeltern, heilpädagogischen Pflegeeltern, Adoptiveltern, Eltern mit eigenen behinderten Kindern, Familien mit erwachsenen Behinderten, Beratung HIV - positiver Mütter bezüglich der Frage der Betreuung ihrer Kinder, Beratung von Mitarbeitern von Institutionen zu all diesen Schwerpunkten

INSTITUT FÜR SOZIALBERATUNG

6020 Innsbruck, Museumstraße 25, Tel.: 0512/581385, FAX 0512/5813854

INNSBRUCK

Museumstraße 25	0512/581385	Mo., Mi. 15.00 - 18.00 Uhr
6020 Innsbruck	Arzt	Mi. 15.00 - 17.00 Uhr
		Di., Do. 10.00 - 13.00 Uhr
		u. n. Terminvereinbarung.

Schwerpunkte: Paarberatung, Scheidungsberatung, Schwangerschaftskonfliktberatung, Beratung bei grenzüberschreitenden Familien- und Sozialproblemen

TELFS

Obermarkt 43/III	05262/66877	Do. 15.00 - 18.00
6410 Telfs		u. n. Terminvereinbarung
	Arzt	1. Mo. 14.00 - 18.00 Uhr

Schwerpunkte: Paarberatung, Scheidungsberatung, Schwangerschaftskonfliktberatung

CARITAS DER DIÖZESE INNSBRUCK

6020 Innsbruck, Erler Straße 12, Tel.: 0512/7270 - 32, FAX 0512/7270 - 5

INNSBRUCK		
Wilhelm Greil - Straße 5/1	0512/5888875	Mo. - Fr. 9.00 - 12.00 Uhr
6020 Innsbruck	0512/588149	Mo. - Do. 15.00 - 17.00 Uhr
		Di. 15.00 - 19.00 Uhr
		u. n. Terminvereinbarung
	Arzt	14tägig Di. 16.30 - 18.30 Uhr

Schwerpunkte: Schwangerenberatung Sozial- und arbeitsrechtliche Beratung, Beratung in Unterkunftsfragen, Arbeitsprojekt für werdende Mütter in Nositationen, finanzielle und materielle Hilfen, Schwangerschaftskonfliktberatung, Adoptionsbegleitung. Ehe-, Familien- und Lebensberatung. Sektenberatung Konfliktursache Religion (Religion(Kirche/Sekte/Esoterik), persönliche Beratung und psychologische Beratung

FAMILIEN- UND SOZIALBERATUNGSZENTRUM e. V.

6300 Wörgl, Anichstraße 27, Tel.: 05332/73758

KITZBÜHEL		
Lindnerfeld 7	05356/55105	Do. 15.00 - 19.00 Uhr
6370 Kitzbühel		u. n.Terminvereinbarung

Schwerpunkte: Familienplanung, Sexualberatung, Schwangerenberatung, Ehepsychologische Beratung, Scheidungsberatung (Mediation), Jugendberatung, Sozialberatung

KUFSTEIN		
Oberer Stadtplatz 5/Top 4	05372/63950	Mi. 15.00 - 19.00 Uhr
6330 Kufstein		u. n. Terminvereinbarung

Schwerpunkte: Familienplanung, Sexualberatung, Schwangerenberatung, Ehepsychologische Beratung, Scheidungsberatung (Mediation), Jugendberatung, Sozialberatung

WÖRGL		
Peter - Anichstraße 27/II	05332/73758	Mo. 15.00 - 19.00 Uhr
6300 Wörgl		u. n. Terminvereinbarung

Schwerpunkte: Beratungsgespräche mit der ganzen Familie (Anorexie, Depressionen, Inzest), Mediation

INSTITUT FÜR FAMILIEN- UND SOZIALBERATUNG

6500 Landeck, Schulhausplatz 10 (Maisengasse 20), Tel.: 05442/68191

LANDECK		
Schulhausplatz 10	05442/68191	Mo. 15.00 - 17.00 Uhr
6500 Landeck		u. n. Terminvereinbarung

Schwerpunkt: Rechtsberatung

SEELSORGEAMT DER ERZDIÖZESE SALZBURG

5020 Salzburg, Kapitelplatz 2, Tel.: 0662/8047 - 160/161, FAX 0662/8047/169

WÖRGL Bahnhofstraße 6 6300 Wörgl	05332/72531	Mo. u. Di. 10.00 - 12.00 Uhr 13.00 - 15.00 Uhr Mi. 10.00 - 12.00 Uhr 14.00 - 21.00 Uhr u. n. Terminvereinbarung

Schwerpunkte: Ehe- und Familienberatung

VEREIN "ELTERN-KIND-ZENTRUM"

6020 Innsbruck, Adamgasse 4, Tel.: 0512/581997, FAX 0512/581997

INNSBRUCK Adamgasse 4/I 6020 Innsbruck	0512/587270	Mo. 10.00 - 14.00 Uhr Di. 9.00 - 15.00 Uhr Mi. 9.00 - 12.00 Uhr 16.00 - 20.00 Uhr Do. 8.00 - 12.00 Uhr

Schwerpunkte: Beratung und Betreuung von Schwangeren, Familien und Alleinerziehenden nach der Geburt bzw. - ca. zum vierten Lebensjahr des Kindes; Betreuung von Familien nach Geburtskomplikationen und Totgeburten; Frauen, Familien mit Kinderwunsch, der medizinisch unterstützt werden muß

KINDERSCHUTZZENTRUM TANGRAM

6020 Innsbruck, Schöpfstraße 19, Tel.: 0512/583757, FAX 0512/583757 - 15

INNSBRUCK Schöpfstraße 34 6020 Innsbruck	0512/583757/11	Mo. 14.00 - 17.00 Uhr Di. 14.00 - 19.00 Uhr Mi., Fr. 10.00 - 13.00 Uhr
	Telefonberatung	Mo. - Do. 14.00 - 15.00 Uhr u. n. Terminvereinbarung

Schwerpunkte: Kindesmißhandlung, psychische Mißhandlung von Kindern und Jugendlichen, sexuelle Gewalt an und Ausbeutung von Kindern.

MANNS - BILDER

Männerzentrum in Tirol für Bildung, Begegnung u. Beratung
6020 Innsbruck, Leopoldstraße 35, Tel.:0512/57 66 44, FAX 0512/576624

INNSBRUCK

Leopoldstr. 35	0512/576644	Mo. u. Mi. 17.00 - 20.00Uhr u. n. Terminvereinbarung
	Arzt	2. Mi. 18.00- 20.00 Uhr

Schwerpunkte: Beratung für Männer und männliche Jugendliche in Krisensituationen, Einzel- und Gruppenberatung mit Schwerpunkt: „Männer - Gewalt im sozialen Nahraum", sowie Hilfestellung bei Fragen des Vaterseins, bei Partnerschafts- und Trennungskonflikten

VORARLBERG

EHE- UND FAMILIENZENTRUM DER DIÖZESE FELDKIRCH

6800 Feldkirch, Feldegg - Gasse 1, Tel.: 05522/74139, FAX 05522/74139/8

FELDKIRCH		
Fidelisstraße 5	05522/82072	Di 8.00 - 10.00 Uhr
6800 Feldkirch	05522/37581	Do 14.00 - 16.00 Uhr
		u. n. Terminvereinbarung
	Arzt	nach Vereinbarung

Außenstelle Sägewerk 16, 6700 Bludenz Tel.: 05552/33911
Außenstelle Thüringen Sägewinkel 71 Tel.: 05522/82072
Schwerpunkte: Ehe- Familien- und Partnerberatung, Familienplanung, Erziehungsberatung, Scheidungsberatung, Schwangerenberatung

DORNBIRN	05522/82072	Mo 8.00 - 11.00 Uhr
Marktplatz 1	05572/32932	u. n. Terminvereinbarung
6850 Dornbirn		Mi. 18.00 - 20.00 Uhr
Außenstelle:	Arzt	nach Vereinbarung
Neugasse 5 6900 Bregenz,		

MOBILE BERATUNG		
aha - Jugendzentrum		jeden letzten Do. nachmittag
Zollgasse 1		
6800 Dornbirn,		

Schwerpunkte: Ehe - Familien- und Partnerberatung, Familienplanung, Schwangerenberatung, Erziehungsberatung, Scheidungsberatung

INSTITUT FÜR SOZIALDIENSTE

6900 Bregenz, Schedlerstraße 10, Tel.: 05574/45187

ANDELSBUCH		
Hof 320	05512/2079	Mo. 9.00 - 11.00 Uhr
6866 Andelsbuch	FAX 05512/2079/18	Di - Fr. 9.00 - 12.00 Uhr
		u. n. Terminvereinbarung
	Arzt	Do. 9.00 - 12.00 Uhr

Schwerpunkte: Familienberatung, Familienplanung, Schwangerschaftskonfliktberatung, Sexualerziehungsseminare in Gruppenarbeit mit Schulklassen, Lehrern, Eltern, , Ehe- und Scheidungsberatung

BLUDENZ

Hermann - Sanderstraße 1	05552/62303	Mo. - Fr. 8.00 - 12.00 Uhr
6700 Bludenz	FAX 05552/62303/4	13.00 - 17.00 Uhr
	Arzt	Mo. 14.00 - 16.00 Uhr

Schwerpunkte: Familienberatung/Familienplanung, Schwangerschaftskonfliktberatung, Information, Beratung, Vermittlung in Not- und Konfliktsituationen, Alltagsbewältigung, Scheidungsberatung / Meditation, Beratung von Ausländern und Ausländerinnen

BREGENZ

Römerstraße 35	05574/42890/0	Mo. - Fr. 8.00 - 12.00 Uhr
6900 Bregenz	FAX 05574/42890/22	14.00 - 17.00 Uhr
	Arzt/Ärztin	Do. 16.00 - 18.00 Uhr
		u. n. Terminvereinbarung

Schwerpunkte: Familienberatung, Familienplanung, Schwangerschaftskonfliktberatung, soziale und psychologische Beratung nach Schwangerschaftsabbruch, rechtliche und soziale Hilfe für für Schwangere und Familien; Ehe- und Partnerberatung; Hilfestellung bei sexuellem Mißbrauch und Gewalt.

DORNBIRN

Frühlingsstraße 11	05572/21331/0	Mo. - Fr. 8.00 - 12.00 Uhr
6850 Dornbirn	FAX 05572/21331 - 32	13.00 - 17.00 Uhr
	Arzt	Do. 15.00 - 17.00 Uhr

Schwerpunkte: Familienberatung, Familienplanung, Schwangerschaftskonfliktberatung, Schwangerschafts- und Sexualberatung, Jugendberatung, Prävention (Aufklärung, Verhütungsberatung), Arbeitskreise Eltern-Lehrer-Schüler

FELDKIRCH

Schießstätte 14	05522/75902	Mo - Fr 8.00 - 12.00 Uhr
6800 Feldkirch	FAX 05522/75902	14.00 - 17.00 Uhr
	Arzt	Mi. 16.00 - 18.00 Uhr
		u. n. Terminvereinbarung

Schwerpunkte: Familien- und Erziehungsberatung, Familienplanung, Schwangerschaftskonflikte, Trennungs- und Scheidungsberatung, materielle Absicherung von Alleinerzieherinnen, muttersprachliche Beratung (türkisch)

HOHENEMS

Bahnhofstraße 28	05576/73302	Mo. - Fr. 8.30 - 11.30 Uhr
6845 Hohenems		u. n. Terminvereinbarung
	Arzt	14 - tägig Di. 16.00 - 18.00 Uhr

Schwerpunkte: Scheidungsberatung, Paarberatung, Beratung für Frauen in der Lebensmitte, Migrantinnenberatung, Beratung rund um das Thema sexuelle Ausbeutung von Kindern

WIEN

MAGISTRAT DER STADT WIEN

Magistratsabteilung 11 - Jugendamt
1030 Wien, Rüdengasse 11, Tel.: 01/4000/90653

Rüdengasse 11 1030 Wien	01/4000/Kl. 8011	Mo. u. Do. 16.00 - 19.00 Uhr

Schwerpunkte: Ehe- und Partnerberatung, Familienberatung, Scheidungsberatung, Rechtsberatung, Familienplanung, Beratung bei Lebensschwierigkeiten, Sexualberatung

Außenstelle Brigittaplatz 10, 2. Stock 1200 Wien	01/3313420/310	Do. 16.00 - 19.00 Uhr

Schwerpunkte: Ehe- und Partnerberatung, Familienberatung, Scheidungsberatung, Rechtsberatung, Familienplanung, Beratung bei Lebensschwierigkeiten, Sexualberatung

Quellenplatz 4 1100 Wien	01/60534/10377	Do. 17.00 - 20.00 Uhr

Schwerpunkte: Beratung bei familiären Konflikten, besonders bei Scheidungs-, Trennungs- und Besuchsrechtsfragen (vor allem in Zusammenarbeit mit dem Bezirksgericht)

Schönbrunner Straße 259/1/112 1120 Wien	01/81134/12310	Mi. 16.00 - 19.00 Uhr

Schwerpunkte: Ehe- und Partnerberatung, Familienberatung, Scheidungsberatung, Rechtsberatung.

Heiligenstädter Str. 82 - 84 (Karl Marx Hof - Ecke Felix Braun - Gasse) 1190 Wien	01/3698988	Mi. u. Fr. 8.00 - 12.00 Uhr Di. 17.30 - 19.30 Uhr

Schwerpunkte: Empfängnisverhütung, Kinderwunsch, Schwangerschaftsabbruch, Jugendberatung, Familienplanung

FAMILIENWERK DER KATHOLISCHEN AKTION DER ERZDIÖZESE WIEN

1010 Wien, Stephansplatz 6/V/17, Tel.: 01/51552/330, FAX 01/51552/337

Stephansplatz 6/3/13 1010 Wien	01/5121054	Mo. 17.00 - 19.00 Uhr Di. 9.00 - 11.00 Uhr Mi. 9.00 - 11.00 Uhr 17.00 - 19.00 Uhr

Do. 17.00 - 19.00 Uhr
u. n. Terminvereinbarung

Schwerpunkte: Beziehungsprobleme und Paarberatung sowie Sexual-, Jugend-, Behinderten- und Scheidungsberatung

Ungargasse 3/I/42	01/7135419	Mo. 16.00 - 18.00 Uhr
1030 Wien	FAX 01/7135419	Di. 9.00 - 11.00 Uhr
		18.00 - 20.00 Uhr
		Mi. 9.00 - 11.00 Uhr
		Do. 17.00 - 20.00 Uhr

Schwerpunkte: Paar-, Erziehungs-, Rechts-, Sozialberatung, Beratung für behinderte Kinder und deren Angehörige

Invalidenstraße 13/3/54	01/7122599	Mo. 17.00 - 19.00 Uhr
1030 Wien		Di. 18.00 - 20.00 Uhr
		Mi. 17.00 - 19.00 Uhr
		u. n. Terminvereinbarung

Schwerpunkte: Familienberatung, Jugendberatung, Sektenberatung, englischsprachliche Beratung

Sonnwendgasse 22	01/6042451	Mi. 18.00 - 20.00 Uhr
1100 Wien		

Schwerpunkt: Partnerschaftsberatung

Lainzer Straße 138	01/8047593/25	Di. 17.30 - 18.30 Uhr
1130 Wien		

Schwerpunkte: Sexualberatung, sonstige Partnerschafts- und Beziehungsprobleme

Friedrich Kaiser -	01/4868908	Mo. , Mi. 17.30 - 19.30 Uhr
Gasse 94		Di. 10.00 - 12.00 Uhr
1160 Wien		17.30 - 19.30 Uhr
Beratung bei Gericht :		
1150 Wien, Gasgasse 1 - 7	01/89143/1506	Fr. 9.00 - 12.00 Uhr

Schwerpunkte: Beratung für Menschen ab der Lebensmitte, Beratung für Schwangere in Notsituation; Beratung bei Partnerschaftsproblemen, Beratung und Information bei finanziellen Schwierigkeiten; Scheidungsberatung; Beratung bei Gericht

Pius - Parsch - Platz 2/5	01/2706359	Mi. 18.00 - 20.00 Uhr
1210 Wien		Do. 16.30 - 19.30 Uhr
		Fr. 10.00 - 12.00 Uhr
		u. n. Terminvereinbarung
	Beratung bei BG 21	Amtstag 9.00 - 12.00 Uhr

Schwerpunkte: Ehe- und Partnerberatung, Arbeit mit ganzen Familien, Jugendberatung, Scheidungsberatung, Mediation, Beratung bei Gericht

Lehmanngasse 21/7	01/8690464	Di., Mi., Do., 18.00 - 20.00 Uhr
1230 Wien		u. n. Terminvereinbarung

Schwerpunkte: Sexuelle Belange und sonstige Partnerschaftsbeziehungen, Rechtsberatung, medizinische Beratung

VEREIN ZUR FÖRDERUNG VON JUGEND UND FAMILIE

1020 Wien, Paffrathgasse 4/10, Tel.: 01/7281828

Paffrathgasse 4/10	01/7281828	Di. 14.00 - 16.00 Uhr
1020 Wien		17.00 - 19.00 Uhr
		Mi. 9.00 - 11.00 Uhr
		Do. 17.00 - 19.00 Uhr
		u. n. Terminvereinbarung

Schwerpunkte: Familien- und Partnerberatung, Beratung Jugendlicher, Schwangerschaftskonfliktberatung, Sexualberatung, Psychologische Beratung, Rechtsberatung, Familienplanung

Währinger	01/4030607	Di. 17.00 - 19.00 Uhr
Straße 123/11		u. n. Terminvereinbarung
1180 Wien		

Schwerpunkte: Familien- und Partnerberatung, Beratung Jugendlicher, sozialpsychiatrische Beratung, Familienplanung

INSTITUT FÜR EHE UND FAMILIE

1010 Wien, Spiegelgasse 3/8, Tel.:01/51552/3650, FAX 01/5138958

Spiegelgasse 3/8	01/51552/3653	Do. 11.00 - 19.00 Uhr
1010 Wien	01/51552/3668	u. n. Vereinbarung

Schwerpunkte: Natürliche Familienplanung, psychosomatische Beratung, systemische Familienberatung, scheidungskonfliktberatung, individualpsychologische Gespräche

Außenstelle		
Bezirksgericht	01/51528/552	Di., Fr. 9.00 - 12.00 Uhr
Innere Stadt		
Riemergasse 4, Zi. 104		
1010 Wien		

Schwerpunkte: Scheidungsberatung

VEREIN HORIZONTE

1170 Wien, Lacknergasse 36/2, Tel.: 01/4896648

Lacknergasse 36/2	01/4896648	Mo. 12.00 - 14.00 Uhr
1170 Wien		u. n. Terminvereinbarung

Schwerpunkte: Kinder- und Jugendberatung, Männerberatung, Scheidungsberatung, Sexualberatung mit Schwerpunkt: Jugendliche, Prävention (Sexualerziehung), Familienplanung, Gewalt in der Familie

ÖSTERREICHISCHE GESELLSCHAFT FÜR FAMILIENPLANUNG

1180 Wien, Ignaz Semmelweis - Frauenklinik, Bastiengasse 36 - 38
Postadresse Postfach 125, 1183 Wien, Tel.: 01/4785242 und 01/47615/389, FAX 01/4785242

Krankenhaus Rudolfstiftung		
Juchgasse 25	01/71165/5211	Mo., Mi. 13.00 - 16.00 Uhr
1030 Wien	01/71165/5212	Do. 14.30 - 18.30 Uhr
		(First Love - Familienplanung)

Schwerpunkte: Familienplanung, Schwangerschaftskonfliktberatung, Sexualberatung Jugendlicher, Aids - Prävention, Kontrazeptionberatung für Jugendliche

AKH- univ. Klinik für	01/40400/2851	Mo., Di., Do.
Frauenheilkunde	01/40400/2852	16.00 - 19.00 Uhr
Abteilg. f. Endokrinologie		
Ebene 8 Leitstelle 8C		
Währinger Gürtel 18 - 20		
1090 Wien		

Schwerpunkte: Familienplanung mit muttersprachlicher Beratung (türkisch und bosnisch), Kontrazeptionsberatung bei Thrombosegefahr und Brustkrebs, Sexualberatung für Behinderte

Kaiser Franz - Josef - Spital	01/60191 /4730	Mo. 15.00 - 17.00 Uhr
geburtshilfl. gyn. Abteilung	01/60191 /4707	Mi. 15.00 - 17.00 Uhr
Pavillon J	01/60191 /4722	(türkische Beratung)
Kundratstraße 3		
1100 Wien	Schulklassenberatung	nach Vereinbarung

Schwerpunkte: Familienplanung, Beratung Jugendlicher und Schulklassen; Schwangerschaftskonflikt, Aids-Prävention, psychosoziale und psychosomatische Beratung

Hanusch Krankenhaus	01/91021/2147	Di. 14.00 - 16.00 Uhr
geburtshilfl. gyn. Abteilung		Do. 12.00 - 17.00 Uhr
Heinrich Collin - Straße 30	Schulklassenberatung	nach Vereinbarung
1140 Wien		

Schwerpunkte: Familienplanung, Schwangerschaftskonfliktberatung, Beratung Jugendlicher, Partnerberatung, Besuch von Schulklassen

Jugendzentrum Ottakring Ottakringer Straße 200 1160 Wien	01/4865398	2. Mo. 17.15 - 20.15 Uhr 1. u. 3. Mo. 17.15 - 20.15 Uhr (nur für Mädchen) 2. Mi. 18.30 - 21.30 Uhr 2. u. 4. Do. 18.30 - 21.00 Uhr

Schwerpunkte: Familienplanung, sexuelle und Partnerschaftskonflikte, AIDS-Prävention, Sexual- und Familienberatung für Jugendliche, muttersprachliche türkische Beratung

Semmelweis Frauenklinik Bastiengasse 36 - 38 1180 Wien	01/47615 /389 01/47615 /316 01/47615 /367	Di. 15.00 - 19.00 Uhr

Telefonberatung "Herzklopfen"	0660 8851	Sa. 14.00 - 18.00 Uhr

Schwerpunkte: Jugendberatung, Familienplanung, Beratung bei Sexualproblemen („Herzklopfen"), Schwangerschaftskonflikt, Beratung bei Partnerproblemen, Beratung bei Kinderwunsch

VEREIN "FRAUEN BERATEN FRAUEN"

1060 Wien, Lehargasse 9/2/2/17, Tel.: 5876750, FAX 5862830

Seitenstettengasse 5/7 1010 Wien	01/5331284	Di. 14.30 - 16.30 Uhr Mi. 10.00 - 12.00 Uhr u. n. Terminvereinbarung

Schwerpunkt: Frauenberatung

Lehargasse 9/2/2/17 1060 Wien	01/5876750	Mo., Di., Mi., 10.00 - 12.00 Uhr Mi. 17.00 - 20.00 Uhr Do. 13.00 - 16.00 Uhr u. n. Terminvereinbarung

Schwerpunkt: Frauenberatung

CARITAS DER ERZDIÖZESE WIEN

1130 Wien, Trauttmansdorffgasse 15, Tel.: 01/87812 - 0, FAX 01/8769585

Lasallestraße 2/4 1020 Wien	01/7286862 FAX 01/728686223	Mo.,. Mi. 9.00 - 11.00 Uhr Di. 17.00 - 19.00 Uhr u. n. Terminvereinbarung

Schwerpunkte: Beratung von Einzelpersonen in Krisen der Lebensgestaltung, in psychosozialen Krisen, bei traumatischen Erfahrungen mit psychischer und physischer Gewalt, bei psychosomatischen Erkrankungen. Beratung von Paaren und Familien bei Krisen in der Partnerschaft, bei Trennung und Scheidung, in Erziehungsfragen, bei Mißhandlung und Mißbrauch, in Generationskonflikten, bei Belastungen durch Krankheit oder Verlust eines Familienmitgliedes

EVANGELISCHE SUPERINTENDENTUR A. B. WIEN

1050 Wien, Hamburgerstraße 3/I, Tel.: 01/5874688

Hamburgerstraße 3 01/5868573 Mo. , Di. 9.00 - 12.00 Uhr
1050 Wien Mo. , Mi. , Do. 17.00 - 19.00 Uhr
. 16.00 - 20.00 Uhr
(Sektenberatung) Fr. 9.00 - 12.00 Uhr
Schwerpunkte: Ehe- und Partnerberatung, Familienberatung, Scheidungsberatung, Sektenberatung

ÖSTERREICHISCHE KINDERFREUNDE

Landesorganisation Wien
1080 Wien, Albertgasse 23/I, Tel.: 01/40125/34, FAX 01/4088600

Albertgasse 23 01/40125/31 Di. 17.00 - 19.00 Uhr
1080 Wien u. n. Terminvereinbarung
Schwerpunkte: Psychologische Beratung auf vielen Gebieten

Hebbelplatz 3 01/6032052 Di. 17.00 - 19.00 Uhr
1100 Wien u. n. Terminvereinbarung
Schwerpunkte: Partnerberatung und Sexualberatung

Ocwirkgasse 3 01/2906062 Do. 17.30 - 19.30 Uhr
1210 Wien
Schwerpunkte: Schulprobleme nicht - deutschsprachiger Kinder, Behindertenberatung, Erziehungsberatung

Kindergarten
Schüttaustraße 1 - 39/3 01/2098513 Do. 17.00 - 21.00 Uhr
1220 Wien u. n. Terminvereinbarung
Schwerpunkt: Gewalt in der Familie

VEREIN "KRISENINTERVENTIONSZENTRUM"

1090 Wien, Spitalgasse 11, Tel.: 01/4069595/0, FAX 01/4069595/14

Spitalgasse 11 01/4069595/0 Di., Do. 13.00 - 17.00 Uhr
1090 Wien
Schwerpunkte: Beratung in Familien- und Partnerkrisen, bei erstmals auftretenden Gewaltandrohungen/Gewalttätigkeiten sowie mit suizidaler Entwicklung, nach Suizidversuch, für Hinterbliebene nach Todesfällen (Suizid). Telefonische Terminvereinbarung ist möglich.

VEREIN "INITIATIVE PFLEGEFAMILIEN"

1190 Wien, Rodlergasse 15/12, Tel.: 01/3687191 und 01/3687192, FAX 01/368719115

Pfeilgasse 8/4	01/4086006	Mo. - Fr. 9.00 - 12.00 Uhr
1080 Wien	FAX 01/40860065	Do. 18.00 - 20.00 Uhr
		u. n. Terminvereinbarung

Schwerpunkte: Beratung und Begleitung von Pflege- und Adoptiveltern und Tagesmüttern. Beratung bei Erziehungs- und Eingliederungsproblematik. Das Angebot der Beratung schließt alle Bereiche der Lebens- und Eheberatung ein. Aus langjähriger Erfahrung bestehen Schwerpunkte: rechtliche medizinische, wirtschaftliche und soziale Belange werdender Mütter. Unterbringung von Kleinkindern bei Tagesmüttern, Pflegeeltern und Adoptiveltern, Probleme der Kinderbetreuung, psycholog. /pädagogische Beratung, Beratung und Begleitung von Pflege-, Adoptiv- u. Tageseltern (auch in Rechts- und Finanzfragen)

Rodlergasse 15/12	01/3687191	Mo. - Fr. 8.30 - 12.30 Uhr
1190 Wien	01/3687192	Mo. 19.00 - 21.00 Uhr
		u. n. Terminvereinbarung

Schwerpunkte: Beratung und Begleitung von Pflege- und Adoptiveltern und Tagesmüttern. Beratung bei Erziehungs- und Eingliederungsproblematik. Das Angebot der Beratung schließt alle Bereiche der Lebens- und Eheberatung ein. Aus langjähriger Erfahrung bestehen Schwerpunkte: wirtschaftliche und soziale Belange werdender Mütter, Unterbringung von Kleinkindern bei Tagesmüttern, Pflegeeltern und Adoptiveltern. Erstgespräche, Auswahl, Ausbildung, Begleitung, Vermittlung; psychologisch - pädagogische Beratung, auch in psychosomatisch - medizinischen und rechtlichen Fragen sowie bei Finanzproblemen, kinderpsychologische Testungen, fachliche Stellungnahmen

VEREIN "SOZIAL GLOBAL"

1060 Wien, Windmühlgasse 26, Tel.: 01/58958 u. 01/5341876, FAX 01/5341868

Kaiser Ebersdorferstraße 14 - 16		
1110 Wien	01/7673799	Mo. u. Mi. 15.00 - 19.00 Uhr
	Arzt	2. u. 4. Di. 14.00 - 16.00 Uhr
	rechtl. Beratung	1. u. 3. Di. 16.00 - 18.00 Uhr
		u. n. Terminvereinbarung

Schwerpunkte: Allgemeine Rechtsberatung; Erziehungsberatung; Einzel-, Paar- und Familienberatung; Gruppenberatung zu spezifisch auftretenden Problemen (z. B. AlleinerzieherInnen); Scheidungs- und Trennungsberatung; Beratung bei Gewalt in der Familie, gesundheitlichen Beschwerden, S-ex-Übergriffen, Familienproblemen, Partnerschaftsproblemen, Schulschwierigkeiten

Linzer Straße 75/5	01/9820710	Di. 15.00 - 19.00 Uhr
1140 Wien		Mi. 16.00 - 19.00 Uhr u. n. V.

Schwerpunkte: Allgemeine Rechtsberatung; Erziehungsberatung; Einzel-, Paar- und Familienberatung; Gruppenberatung zu spezifisch auftretenden Problemen (z. B. AlleinerzieherInnen); Scheidungs- und Trennungsberatung; Beratung bei Gewalt in der Familie, gesundheitlichen Beschwerden, S-ex-Übergriffen, Familienproblemen, Partnerschaftsproblemen, Schulschwierigkeiten

VEREIN ZUR BERATUNG FÜR EINZELNE, PARTNER, FAMILIEN UND JUGENDLICHE

1020 Wien, Sebastian Kneippg. 10/23, Tel.u. FAX 01/7298266

Zanaschkagasse 14/48/2 1120 Wien	01/662 29 02	Mo 15.00 - 20.00 Uhr Mi. 18.00 - 21.00 Uhr u. n. Terminvereinbarung

Schwerpunkte: Partnerschafts- und Familienberatung, Beratung bei Gewalt in der Familie

VOLKSHOCHSCHULE HIETZING

1130 Wien, Hofwiesengasse, Tel.: 01/8045524 - 0, FAX 01/8049729

Hofwiesengasse 48 1130 Wien	01/8045524	Mo. 9.00 - 15.30 Uhr Fr. 11.00 - 20.00 Uhr

Schwerpunkte: Beratung bei sozialen, psychologischen, sexuellen, medizinischen und juristischen Fragen, sowie bei allgemeinen Lebensproblemen, Krisenintervention, Partnerschaft, Scheidung, Krisen in der zweiten Lebenshälfte, Jugendberatung

ARBEITER-SAMARITER-BUND

1210 Wien, Floridsdorf - Donaustadt
Bruckhaufner Hauptstraße 3, Tel.: 01/381260, FAX 01/381232/75

Kürschnergasse 9 1210 Wien	01/2585060	Di. 19.00 - 21.00 Uhr (ab 18.00 Uhr möglich)

Schwerpunkte: Familienberatung, Paarberatung, Scheidungsberatung

ÖSTERREICHISCHES KOLPINGWERK KOLPING - LEBENSBERATUNG

1040 Wien, Paulanergasse 11, Tel.: 01/58735420

Paulanergasse 11/EG 1040 Wien	01/5866175	Mo., Mi. 8.30 - 13.00 Uhr Di., Do. 8.30 - 12.00 Uhr 13.00 - 18.00 Uhr
	Arztberatung	Di. 13.00 - 17.00 Uhr (ein Mal pro Monat)

juristische Beratung	14tägig Mi. 16.00 - 18.00 Uhr
KOL-BIK	Fr. 9.00 - 13.00 Uhr
bikulturelle bunte Paare	15.30 - 18.30 Uhr

Schwerpunkte: Beratung in allen Lebenskrisen und familiären Problemsituationen, Einzel- und Paarberatung, Familien- und Jugendberatung, Sektenberatung, Behindertenberatung, Beratung für bikulturelle bunte Paare

Gentzgasse 29	01/4796128	Mo. - Mi. 8.30 - 12.30
1180 Wien		13.30 - 18.00 Uhr
	Arztberatung	Mi. 14 - tägig 15.0 - 17.00 Uhr
	juristische Beratung	14tägig 16.00 - 18.00 Uhr

Schwerpunkte: Beratung in allen Lebenskrisen und familiären Problemsituationen, Einzel- und Paarberatung, Familien- und Jugendberatung, Sektenberatung, Behindertenberatung

VEREIN RAT UND HILFE

1010 Wien, Stephansplatz 3, Tel.: 01/51552/3605 und 3637, FAX 01/51552/3749

Stephansplatz 3	01/51552 /3637	Mi. 17.00 - 20.00 Uhr
1010 Wien	01/51552 /3605	Di., Do. 9.00 - 12.00 Uhr

Schwerpunkte: Familienrechtliche Probleme (Scheidung, Unterhalt, Obsorge, Besuchsrecht); sozialrechtliche Ansprüche bei Schwangerschaft, Arbeitslosigkeit, Behinderung; allgemeine Sozialberatung

VFB - FAMILIE UND BERATUNG

1090 Wien, Lustkandlgasse 50, Tel.: 01/4000/90728, 01/4000/90742 oder 01/31324/85670

Lustkandlgasse 50	01/31324/85670	Di., Do. 16.00 - 18.00 Uhr
1090 Wien	01/4000/90728	

Schwerpunkte: Sexualberatung; spezialisierte Beratungshilfen bei sexuellen Problemen, sexuellen Funktionsstörungen, sexueller Lustlosigkeit, Partnerschaftsschwierigkeiten aufgrund sexueller Probleme, Fragen sexueller Identität, sexuelle Probleme von Jugendlichen und Familien, allgemeine Partner- und Familienberatung

Wurmsergasse 36	01/9857603	Di. 16.30 - 19.30 Uhr
1150 Wien		(bosnisch, koratisch, serbisch)
		Mi. 16.30 - 19.30 Uhr
		(türkisch)

Integrationshaus	01/2169729	Mi. 17.30 - 19.30 Uhr
Engerthstraße 161 - 163		(türkisch)
1020 Wien		Di. 17.30 - 19.30 Uhr
		(bosnisch, koratisch, serbisch)

Schwerpunkte: Migrantenfamilien mit kroatischer, serbischer und türkischer Muttersprache

Ottakringer Straße 194 - 196 1160 Wien	01/4857981	Di. 18.00 - 21.00 Uhr Do. 18.00 - 20.00 Uhr

Schwerpunkt: Beratung bei psychosomatischen Beschwerden

Donaufelderstraße 185 1210 Wien	01/21123/22835	Mo. 16.00 - 20.00 Uhr

Schwerpunkte: Sexualberatung, Paarberatung, Scheidungsberatung

NANAYA -
BERATUNGSSTELLE FÜR NATÜRLICHE GEBURT UND LEBEN MIT KINDERN

1070 Wien, Zollergasse 37, Tel.: 01/5231711

Zollergasse 37 1070 Wien	01/5231711	Mo., Di., Mi. 10.00 - 12.30 Uhr Mo., Do. 15.00 - 17.30 Uhr
	Arztberatung	2. Do. 9.00 - 11.00 Uhr u. n. Terminvereinbarung

Schwerpunkte: Schwangerschaft, Geburt und die Zeit nach der Geburt

H P E -
ÖSTERREICHHILFE FÜR ANGEHÖRIGE PSYCHISCH ERKRANKTER

Dachverband der Vereinigungen von Angehörigen und Freunden
1070 Wien, Bernardgasse 36/4/14 , Tel.: 01/5264202, 01/5767854, FAX 01/526 42 02/200

Bernardgasse 36/4/14 1070 Wien	01/5264202	Mo., Mi., Do. 9.00 - 15.00 Uhr Di. 12.00 - 18.00Uhr Fr. 9.00 - 12.00 Uhr
	ärztliche Beratung	14-tägig nach Vereinbarung
	Abendberatung	nach Vereinbarung

Schwerpunkt: Probleme von Angehörigen psychiatrischer Patienten

VEREIN MÄNNERBERATUNG

1100 Wien, Erlachgasse 95/5, Tel.: 01/6032828, FAX 01/6032828

Erlachgasse 95/5 1100 Wien	01/6032828	Mo., Di. 10.00 - 20.00 Uhr Mi., Do. 16.00 - 20.00 Uhr u. n. Terminvereinbarung

Schwerpunkte: Psychologische, soziale, juridische und medizinische Beratung in Partnerschafts- und Familienangelegenheiten, Krisenintervention, Hilfe bei sexuellen Problemen, Prävention, Intervention und Beatung bei sexuellem Mißbrauch an Kindern, (Täter - Opferarbeit) und bei Gewalttätigkeit von Männern in der Familie

CARITAS SOCIALIS

1090 Wien, Pramergasse 9, Tel.: 01/3103843 /0, 01/3103843 /19, FAX 01/310384399

Pramergasse 12/12 1090 Wien	01/31058220	Mo. , Mi., Fr. 8.30 - 12.00 Uhr u. n. Terminvereinbarung

Schwerpunkte: Beratung für Schwangere und junge Mütter mit Kindern (besonders Alleinerziehende) in sozialen und persönlichen Belangen; breites Hilfs- u. Beratungsangebot für sozial benachteiligte Familien; Jugendberatung

VEREIN FÜR SYSTEMISCHE FAMILIENBERATUNG UND PRÄVENTION

1220 Wien, Eipeldauerstraße 25/57/4A, Tel.: 01/2572896

Eipeldauerstr. 25/57/4A Ecke Herbert Böcklweg 1 (Eingang terrassenseitig) 1220 Wien	01/2572896	Mo. 14 - tägig 9.00 - 12.00 Uhr Di. 14 - tägig 16.00 - 18.00 Uhr Do. 9.00 - 12.00 Uhr Mi., Do., Fr. 16.00 - 19.00 Uhr u. n. Terminvereinbarung

Schwerpunkte: systemische Paar- und Familienberatung

WIENER FAMILIENBUND

1070 Wien, Neubaugasse 66/2/11, Tel.: 01/5268219, FAX 01/5262929

Neubaugasse 66/2/11 1070 Wien	01/5268219	Di. 9.00 - 11.00 Uhr Do. 17.00 - 19.00 Uhr u. n. Terminvereinbarung
	Information	Mo., Di., Do., Fr. 9.00 - 13.00 Uhr

Schwerpunkt: Sozialberatung, Beratung bezüglich familienfördernder Maßnahmen, Beratung bezüglich Tagesmüttern, Kindergärten und Schule, Konfliktregelung, Scheidungsberatung

VEREIN SPRUNGBRETT

1150 Wien, Pilgerimgasse 22 - 24/1/1, Tel.: 01/7894545

Pilgerimgasse 22 - 24/1/1 1150 Wien	01/7894545	Mo., Di., Mi. 13.00 - 17.00 Uhr Do. 10.00 - 20.00 Uhr u. n. Terminvereinbarung

Schwerpunkt: Mädchen und junge Frauen Mädchenberatung, Familienplanung, ärztliche und rechtliche Beratung

VEREIN FÜR LEBENSPLANUNG UND KRISENBEWÄLTIGUNG

1060 Wien, Kaunitzgasse 33/8, Tel.: 01/5810960

Kaunitzgasse 33/8	01/5810960	Di., Mi. 10.00 - 12.00 Uhr
1060 Wien	Arztberatung	1. u. 3. Mi. 10.30 - 13.30 Uhr
		u. n. Terminvereinbarung

Schwerpunkt: Psychosomatische Problematik Paarkonfliktberatung und Beratung von Menschen in akuten Krisen, Gewalt in der Familie

VEREIN ZUR FÖRDERUNG INTEGRIERTER GESUNDHEITS - UND SOZIALPROJEKTE PRAXISGEMEINSCHAFT WILHELMSTRASSE

1120 Wien, Wilhelmstraße 40 - 44, Tel.: 01/8122556/0, FAX 01/812256122

Humboldtgasse 31/I	01/6024460	Mi., Do. 15.30 - 20.30 Uhr
1100 Wien	Arzt	Do. 18.30 - 20.30 Uhr
		u. n. Terminvereinbarung

Schwerpunkte: Psychosomatische Beschwerden, Familienplanung, Rechtsberatung

Wilhelmstraße 42	01/8122556/0	Di. 15.00 - 20.00 Uhr
1120 Wien		

Schwerpunkt: Psychosomatische Beschwerden

VEREIN FREIER HEBAMMEN

1090 Wien, Lazarettgasse 6/2/1, Tel.: 01/4088022, FAX 01/403987718

Lazarettgasse 6/2/1	01/4088022	Mo. - Do. 9.00 - 12.00 Uhr
1090 Wien		Mi. 14.00 - 17.00 Uhr
	Arztberatung	1. u. 3. Do. 9. 15 - 11. 15 Uhr
		u. n. Terminvereinbarung

Schwerpunkte: Schwangerschafts-, Stillberatung, Familienplanung

INSTITUT FÜR FAMILIEN-, GRUPPEN-, PARTNER - UND EINZELBERATUNG SOWIE - HILFE

1210 Wien, Arnoldgasse 2/7/24, Tel.: 01/2780588

Ada Christen -	01/6885357	Mo. 17.00 - 21.00 Uhr
Gasse 2/A/16		
1100 Wien		

Schwerpunkte: Familienplanung, Jugendberatung, Familien- und Partnerschaftsprobleme,

Konfliktlösung in der Familie, Trennungsproblematik, getrennt Erziehende - AlleinerzieherInnen, Psychosomatik, Schulprobleme, Mediation, juridische Beratung

"MÖWE" UNABHÄNGIGER VEREIN FÜR PSYCHISCH, PHYSISCH UND SEXUELL MISSHANDELTE KINDER

1120 Wien, Meidlinger Hauptstraße 7 - 9, Tel.: 01/8171515, FAX 01/8171677

Meidlinger Haupt - straße7 - 9/6E u. 7E (Innenhof) 1120 Wien	01/8171515	Mo., Di., Do. 9.00 - 13.00 Uhr Di. 14.00 - 19.00 Uhr Mi., Fr. 14.0 - 18.00 Uhr
	Arztberatung	1. u. 3. Mo. 15.00 - 17.00 Uhr u. n. Terminvereinbarung

Schwerpunkt: sexueller Mißbrauch an Kindern

VEREIN "FRAUEN GEGEN SEXUELLE AUSBEUTUNG VON MÄDCHEN"

1060 Wien Mariahilferstraße 19 - 21/I/1/13, Tel.: 01/5871089, Tel. und FAX 01/5870355

Mariahilferstr. 19. 21/I/1/13 1060 Wien	01/5871089	Mo. - Do. 9.00 - 16.00 Uhr Fr. 9.00 - 13.00 Uhr u. n. Terminvereinbarung

Schwerpunkt: Sexuelle Gewalt

VEREIN MITEINANDER LERNEN BILDUNGSAKTIVITÄTEN MIT AUSLÄNDISCHEN FRAUEN

1160 Wien, Koppstraße 38/8, Tel.: 01/493 16 08

Koppstraße 38/8 1160 Wien	01/4931608	Di. 9.00 - 19.00 Uhr Mi. 9.00 - 12.00 Uhr Do. 16.00 - 18.00 Uhr u. n. telef. Vereinbarung
	ärztliche Beratung	1xmonatl. Di. 15.00 - 18.00 Uhr
	juridische Beratung	1xmonatl. Di. 17.00 - 20.00 Uhr

Schwerpunkte: Beratung für Migrantinnen aus der Türkei mit Dolmetsch

AKTION LEBEN ÖSTERREICH GEMEINSCHAFT ZUM UMFASSENDEN SCHUTZ MENSCHLICHEN LEBENS

1010 Wien, Dorotheergasse 6 - 8, Tel.: 01/5155221, 01/5132163, FAX 01/5139840

Dorotheergasse 6 - 8 1010 Wien	01/5132163 01/5132164 01/5125221	Mo. , Di. , Do. , Fr. 9.00 - 12.00 Uhr u. 14.00 - 16.00 Uhr u. n. V.

Schwerpunkte: Schwangerenberatung, Familienplanung, Sexualberatung (post- und pränatale Beratung/Betreuung)

EXUF
VEREIN FÜR EXISTENZ- UND FAMILIENBERATUNG
1190 Wien, Grinzingerstraße 86, Tel.: 01/375135

Grinzingerstraße 86	01/375135	Mi. 9.00 - 12.00 Uhr
1190 Wien		Fr. 18.00 - 20.00 Uhr
	bei Vereinbarung	1. u. 3. Mo. 11 - 13 Uhr

Schwerpunkte: Sexual-, Jugend-, Familien-, Konflikt- und Scheidungsberatung

VEREIN
"WIENER FRAUENHÄUSER"
1160 Wien, Maroltingergasse 19 - 23/5/10, Tel.: 01/9145959, FAX 01/9144730

Leopoldsgasse 24/4+5	01/2140373	Mo. 9.00 - 13.00
1020 Wien	FAX 01/2140374	15.00 - 19.00 Uhr
	ärztliche Ber. atumng	Di., Do. 9.00 - 13.00 Uhr
		nach. Terminvereinbarung

Schwerpunkte: Scheidungsberatung, Beratung von Frauen in Trennungssituationen, Beratung von Frauen nach Bedrohung und Mißhandlung, Beratung bezüglich strittiger Obsorge- und Besuchsrechtsregelungen

ZENTRUM FÜR INTEGRATIVE PSYCHOSOMATIK
UND PSYCHOTHERAPIE (ZIPP)
Kegelgasse 34 - 38/1/4, Tel. und FAX 01/7136677

Kegelgasse 34 - 38/1/4	01/7136677	Mo. 13.00 - 14.00 Uhr
1030 Wien		Mi. 13.00 - 14.00 Uhr
		u. n. Terminvereinbarung

Schwerpunkte: Familienplanung, unerfüllter Kinderwunsch, Schwangerschaftskonfliktberatung, psychosomatische Beschwerden im Zusammenhang mit Familienkonflikten

Ausstellungsstr. 17/2	01/2183911	1. u. 3. Di. 11.00 - 13.00 Uhr
1020 Wien		u. n. Terminvereinbarung

Schwerpunkte: Familienplanung Spannungsfeld unerwünschte Schwangerschaft- unerfüllter Kinderwunsch, Psychosomatische Beschwerden, insbesondere in Bezug zu Familienkonflikten Paar- und Konfliktberatung, Beratung von Menschen in Krisensituationen

VEREIN "UNABHÄNGIGES KINDERSCHUTZZENTRUM" WIEN

1070 Wien, Kandlgasse 37, Tel.: 01/5261820 - 0, FAX 01/52618209

Kandlgasse 37	01/5261820 - 0	Mo. - Do. 9.00 - 18.00 Uhr
1070 Wien		Fr. 14.00 - 15.00 Uhr
	Krisentelefon	Mo. - Do. 10.00 - 12.00 Uhr
		16.00 - 18.00 Uhr
		Fr. 14.00 - 16.00 Uhr

Schwerpunkte: Hilfe und Beratung bei Gewalt gegen Kinder und Jugendliche

VEREIN "TAMAR"
BERATUNGSSTELLE FÜR MIßHANDELTE UND SEXUELL MISSBRAUCHTE FRAUEN UND MÄDCHEN

1200 Wien, Wexstraße 22/3/1, Tel.: 01/3340437

Wexstraße 22/3/1	01/3340437	Mo., Fr. 10.00 - 13.00 Uhr
1200 Wien	FAX 01/3340436	Mi., Do. 13.00 - 18.00 Uhr
	medizinische Beratung	2. Di. 14.00 - 18.00 Uhr
	juristische Beratung	nach Vereinbarung

Schwerpunkte: Beratung von mißhandelten und sexuell mißbrauchten Frauen und Mädchen und deren weiblichen Bezugspersonen; Unterstützung und Begleitung bei Aufdeckung und Beendigung von sexuellem Mißbrauch und Aufarbeitung der Folgen

VEREIN JUGENDZENTREN DER STADT WIEN

1210 Wien, Pragerstraße 20, Tel.: 01/2787645/49

Marktgasse 35	01/3194270	Mi. 17.00 - 20.00 Uhr
1090 Wien	jur. Beratung	2. u. 4. Mi. 18.00 - 20.00 Uhr
	ärztl. Beratung	2. u. 4. Fr. 10.00 - 12.00 Uhr
	Gruppenberatung	Fr. 10.00 - 12.00 Uhr

Schwerpunkte: Aufgreifen spezifischer, durch Migration entstandene soziale, psychische, familiäre Konflikte, sowie aufenthaltsrechtliche, arbeitsrechtliche, am Wohnungsmarkt entstandene Probleme und Einzel- und Gruppentherapie für Migrantinnen aus der Türkei. Die Beratung erfolgt in der deutschen, türkischen und serbisch-kroatischen Sprache. Ärztliche und juristische Beratung mit muttersprachlichen Übersetzung nach Vereinbarung

FEMINISTISCHES FRAUENGESUNDHEITSZENTRUM

1200 Wien, Friedrich Engelsplatz 21/2/1. Tel.: 01/33 45 353

Friedrich Engelsplatz 21/2/1		Mo. 10.00 - 12.00 Uhr
1200 Wien		Di. 16.00 - 20.00 Uhr
	Arztberatung	Mo. 20.00 - 21.00 Uhr

Schwerpunkte: Verhütungsberatung, Familienplanung und Sexualberatung, Frauenberatung

VEREIN "LEFÖ"
LATEINAMERIKANISCHE EXILIERTE FRAUEN IN ÖSTERREICH

1050 Wien, Kettenbrückengasse 15/2/4, Tel.: 01/5811880, FAX 01/5811882

Kettenbrückeng. 15/2/4	01/5811880	Mo. 9 - 13 Uhr
1050 Wien	01/5811881	Di. 18.00 - 20.00 Uhr
		Mi. 9.30 - 12.30Uhr

Schwerpunkte: Familienplanung, Scheidungsberatung, Schwangerschaftskonflikte, sexuelle Belange und sonstige Partnerschaftsbeziehungen, wirtschaftliche und soziale Belange werdender Mütter, juridische Belange

FAMILIENBERATUNGSSTELLE ESSLINGGASSE DER ÖSTERREICHISCHE AUTISTENHILFE

1010 Wien, Eßlinggasse 13/3/11, Tel.: 01/5339666, FAX 01/5337847

Eßlinggasse 13/3/11	01/5339666/11	Di. 17.00 - 21.00 Uhr
1010 Wien	01/5339666/12	bei Bedarf Fr. 8.00 - 11 - 00 Uhr

Schwerpunkte: Angehörige und Betroffene von Menschen mit autistischer Wahrnehmung Beratung von Behinderten und deren Angehörigen

INSTITUT FÜR KLINISCHE SEXUALPSYCHOLOGIE UND VERHALTENSTHERAPIE

1030 Wien, Obere Bahngasse 4 - 8/3/3/13, Tel. und FAX 01/7989060

Obere Bahngasse 4 - 8/3/3/13	01/7989060	Mi. 18.00 - 21.00 Uhr
		u. n. Terminvereinbarung

Schwerpunkte: Psychosomatische Beschwerden des Genital- und Urogenitaltraktes, sexuelle Verhaltensabweichungen und funktionelle Sexualstörungen (vaginaler Juckreiz, erektile Dysfunktionen, Orgasmusstörungen, Dysmenorrhoe, Inkontinenz, Fertilitätskonflikte, Alterssexualität, genitale Mißbildungen, Transsexualität...)